AF316614

John Maynard Keynes

LAS CONSECUENCIAS ECONÓMICAS DE LA PAZ

astria

CONSECUENCIAS ECONÓMICAS DE LA PAZ
John Maynard Keynes

©Astria Ediciones
Diseño de portada: Andrea Rodríguez
Supervisión Editorial: Obed García
Administración: Tesla Rodas y Jessica Cordero
Director Ejecutivo: José Azcona Bocock

Primera edición
Tegucigalpa, Honduras—febrero de 2025

John M. Keynes en1925.

INTRODUCCIÓN

La facultad de adaptación es una característica propia de la Humanidad. Pocos son los que toman plena conciencia de la condición inusual, precaria, compleja, fragmentaria y transitoria de la organización económica en la que ha vivido la Europa occidental durante el último medio siglo. Consideramos como naturales, estables y de inevitable subordinación algunos de nuestros adelantos más recientes y contingentes, y, a partir de ellos, trazamos nuestros planes. Sobre esta base falsa y endeble proyectamos la mejora social; levantamos nuestras plataformas políticas; alimentamos nuestras hostilidades y nuestras ambiciones personales, y nos creemos con medios suficientes para avivar, en lugar de apaciguar, el conflicto civil dentro de la familia europea. Movido por una ilusión insana y un egoísmo sin escrúpulos, el pueblo alemán socavó los cimientos sobre los que todos vivíamos y edificábamos. Pero los portavoces de los pueblos francés e inglés han corrido el riesgo de completar la ruina que Alemania inició, mediante una paz que, si se lleva a efecto, destruirá para el futuro —pudiendo haberla restaurado— la delicada y compleja organización —ya alterada y quebrantada por la guerra—, única a través de la cual podrían los pueblos europeos cumplir su destino y sobrevivir.

El aspecto externo de la vida en Inglaterra no nos permite todavía percibir ni apreciar en lo más mínimo que una época ha llegado a su fin. Nos esforzamos por reanudar los hilos de nuestra vida donde los dejamos, con la única diferencia de que algunos de nosotros parecen bastante más ricos de lo que eran antes. Si antes de la guerra gastábamos millones, ahora hemos aprendido que podemos gastar, sin un perjuicio visible, cientos de millones; resulta evidente que no habíamos explotado hasta el límite las posibilidades de nuestra vida económica. Aspiramos, desde luego, no sólo a recuperar el bienestar de 1914, sino a una mayor ampliación e intensificación de este. Así, todas las clases trazan sus planes de manera semejante: el rico, para gastar más y ahorrar menos; y el pobre, para gastar más y trabajar menos.

Pero quizá sólo en Inglaterra (y en América) sea posible mantener tal grado de inconsciencia. En la Europa continental, la tierra se estremece, pero nadie presta atención a sus señales. El problema no es de extravagancias ni de «turbulencias del trabajo»; es una cuestión de vida o muerte, de agotamiento o de supervivencia: se trata de las terribles convulsiones de una civilización que agoniza.

Para quien pasó en París la mayor parte de los seis meses que siguieron al Armisticio, una visita ocasional a Londres constituía una experiencia extraña. Inglaterra sigue estando al margen de Europa. Los lamentos apagados de Europa no llegan hasta ella. Europa es algo distinto. Inglaterra no es carne de su carne ni cuerpo de su cuerpo. Pero Europa forma un todo compacto. Francia, Alemania, Italia, Austria y Holanda, Rusia, Rumania y Polonia laten al unísono, y su estructura y su civilización son, en esencia, una sola. Florecieron juntas y se sacudieron juntas en una guerra en la que nosotros, a pesar de nuestro tributo y de nuestros sacrificios enormes (como América en menor medida), quedamos económicamente al margen. Ellas pueden hundirse juntas. De aquí nace la significación destructiva de la Paz de París. Si la guerra civil europea concluye en que Francia e Italia abusen de su poder, temporalmente victorioso, para destruir a Alemania y a Austria-Hungría, hoy postradas, provocarán su propia ruina; tan profunda e inseparable es la compenetración con sus víctimas a través de los lazos más ocultos, tanto psíquicos como económicos.

El inglés que participó en la Conferencia de París y fue durante aquellos meses miembro del Consejo Supremo Económico de las Potencias Aliadas, necesariamente tenía que convertirse —experiencia nueva para él— en un europeo, en sus inquietudes y en su manera de ver. Allí, en el centro neurálgico del sistema europeo, debían desvanecerse en gran medida sus preocupaciones británicas, y verse acosado por otros espectros más atemorizantes. París era una pesadilla, y todo allí resultaba enfermizo. Se cernía sobre la escena la sensación de una catástrofe inminente: la insignificancia y la pequeñez del hombre ante los grandes acontecimientos que enfrentaba; el sentimiento confuso y la irrealidad de las decisiones; la ligereza, la ceguera, la insolencia y los gritos confusos del exterior —allí estaban presentes todos los elementos de la antigua tragedia—. Sentado en medio de la teatral decoración de los salones oficiales franceses, uno se preguntaba con asombro si los extraordinarios rostros de Wilson y Clemenceau, con su tez imperturbable y sus rasgos inmóviles, eran realmente caras humanas o máscaras tragicómicas de algún extraño drama o de una exhibición de autómatas.

Toda la actuación de París tenía el aire de algo de extraordinaria importancia y de insignificancia al mismo tiempo. Las decisiones parecían cargadas de consecuencias para el porvenir de la sociedad humana y, sin embargo, el viento murmuraba que las palabras no se convertían en hechos, que eran vanas, irrelevantes, sin efecto alguno, disociadas de los acontecimientos; y se experimentaba con toda intensidad aquella impresión descrita por Tolstói en *La guerra y la paz*, o por Hardy en *Los Dinastas*, de los acontecimientos avanzando hacia un desenlace fatal, ajeno e indiferente a las reflexiones de los estadistas reunidos en Consejo:

El Espíritu de los Tiempos
Observa que toda visión amplia y dominio de sí mismas
Han desertado de estas multitudes, ahora entregadas a los demonios
Por el Abandono Inmanente. Nada queda
Sino venganza aquí, entre los fuertes,
Y allí, entre los débiles, una rabia impotente.
El Espíritu de la Piedad
¿Por qué impulsa la Voluntad una acción tan irracional?
El Espíritu de los Tiempos
Te he dicho que actúa inconscientemente,
Como un poseído, sin juzgar.

En París, quienes mantenían relación con el Consejo Supremo Económico recibían casi cada hora informes sobre la miseria, el desorden y la ruina de la organización de toda la Europa central y oriental, aliada y enemiga a la vez, al tiempo que conocían, por boca de los representantes financieros de Alemania y de Austria, pruebas irrefutables del profundo agotamiento de sus países. La visita ocasional a la sala cálida y seca de la residencia presidencial, donde los Cuatro cumplían su misión en una intriga árida y vacía, no hacía sino intensificar la sensación de pesadilla. Sin embargo, allí, en París, los problemas de Europa se presentaban monstruosos y apremiantes, y resultaba desconcertante volver la mirada hacia la inmensa incomprensión de Londres.

Para Londres, estos asuntos eran cuestiones muy lejanas, y sólo inquietaban los propios problemas, menores y domésticos. Londres creía que París estaba provocando una gran confusión en sus asuntos, pero continuaba indiferente. Con ese ánimo, el pueblo británico recibió el Tratado sin leerlo. Este libro, sin embargo, no ha sido escrito bajo la influencia de Londres, sino bajo la de París, por alguien que, aun siendo inglés, se siente también europeo y que, debido a una experiencia reciente y demasiado viva, no puede desentenderse del desarrollo ulterior del gran drama histórico de estos días, llamado a destruir grandes instituciones, pero también capaz de crear un mundo nuevo.

CAPÍTULO I: EUROPA ANTES DE LA GUERRA

Antes de 1870, distintas partes del pequeño continente europeo se habían especializado en sus productos propios; pero, considerada en conjunto, Europa, en lo esencial, se bastaba a sí misma. Y su población estaba adaptada a tal estado de cosas.

Desde 1870 se desarrolló, a gran escala, una situación sin precedentes, y la condición económica de Europa llegó a ser, durante los cincuenta años siguientes, inestable y singular. La relación entre la necesidad de alimentos y la población, ya equilibrada gracias a la facilidad del abastecimiento desde América, se alteró por completo por primera vez en la Historia. Conforme aumentaban las cifras de la población, resultaba más fácil asegurarle el alimento. Una escala creciente de la producción generaba rendimientos proporcionalmente mayores tanto en la agricultura como en la industria. Con el aumento de la población europea hubo, por un lado, más emigrantes para labrar el suelo de los nuevos países, y por otro, más obreros disponibles en Europa para elaborar los productos industriales y las mercancías esenciales destinadas a sostener a la población emigrante y a construir los ferrocarriles y barcos que debían traer a Europa alimentos y materias primas de origen lejano.

Hasta aproximadamente 1900, la unidad de trabajo aplicada a la industria producía año tras año un poder adquisitivo equivalente a una cantidad creciente de alimentos. Acaso hacia el año 1900 comenzó a alterarse esta evolución, y se inició de nuevo un proceso decreciente en la compensación de la Naturaleza al esfuerzo humano. Pero la tendencia de los cereales a elevar su coste real fue compensada por otras mejoras y, entre muchas innovaciones, empezaron entonces a utilizarse por primera vez, a gran escala, los recursos del África tropical, y un intenso comercio de semillas oleaginosas comenzó a llevar a la mesa de Europa, de forma nueva y más barata, una de las sustancias alimenticias esenciales para la Humanidad. Muchos de nosotros alcanzamos este Eldorado económico, esta utopía económica que habían imaginado los primeros economistas.

Aquella época próspera pasó por alto un aspecto del mundo que llenó de profunda melancolía a los fundadores de nuestra economía política. Antes del siglo XVIII, la Humanidad no alimentaba falsas esperanzas. Para destruir las ilusiones que se habían vuelto populares a fines de aquella época, Malthus liberó un demonio. Durante medio siglo, todos los escritos serios de economía mantuvieron a ese demonio a la vista. En la segunda mitad del siglo siguiente se le encadenó y se le ocultó. Acaso ahora lo hemos vuelto a desatar.

¡Qué episodio tan extraordinario fue, en el progreso económico del hombre, la época que terminó en agosto de 1914! Es cierto que la mayor parte de la población trabajaba mucho y vivía en condiciones miserables; pero, sin embargo, estaba, a juzgar por todas las apariencias, razonablemente conforme con su suerte. Todo hombre con capacidad o carácter que sobresaliera de la medianía tenía abierto el acceso a las clases medias y superiores, para las que la vida ofrecía, a bajo costo y con escasa molestia, comodidades y ventajas iguales a las de los más ricos y poderosos monarcas de otras épocas. El habitante de Londres podía pedir por teléfono, al tomar el té de la mañana en la cama, los productos más variados de toda la tierra, en la cantidad que le complaciera, y esperar que se los llevaran a su puerta; podía, en ese mismo instante y por los mismos medios, invertir su riqueza en recursos naturales y nuevas empresas de cualquier parte del mundo, y participar, sin esfuerzo ni molestia alguna, en los beneficios y ventajas prometidos, o bien optar por vincular la suerte de su fortuna a la solvencia de los vecinos de cualquier municipio importante, en cualquier continente que el capricho o la información le sugirieran.

Podía obtener, si lo deseaba, medios para trasladarse a cualquier país o clima, baratos y cómodos, sin pasaporte ni formalidad alguna; podía enviar a su criado al despacho o al banco más próximo para procurarse los metales preciosos que estimara convenientes, y luego partir hacia tierras extranjeras, sin conocer su religión, su lengua ni sus costumbres, llevando consigo riqueza acuñada, y se habría considerado ofendido y sorprendido ante cualquier intervención. Pero lo más importante es que consideraba tal estado de cosas como normal, seguro y permanente, salvo para mejorar aún más, y toda desviación de él como una aberración, un escándalo y un hecho intolerable. Los propósitos y la política del militarismo y del imperialismo, las rivalidades de razas y de cultura, los monopolios, las restricciones y los privilegios que habrían de desempeñar el papel de serpiente en este paraíso, eran poco más que el entretenimiento de los periódicos, y parecía que apenas ejercían influencia alguna en el curso ordinario de la vida social y económica, cuya internacionalización era casi completa en la práctica.

Nos ayudará a apreciar el carácter y las consecuencias de la Paz que hemos impuesto a nuestros enemigos el esclarecer un poco más algunos de los principales elementos variables de la vida económica de Europa, ya existentes cuando estalló la guerra.

I. POBLACIÓN

En 1870, Alemania tenía una población de unos 40 millones de habitantes. Hacia 1892, esta cifra ascendió a 56 millones, y el 30 de junio de 1914 llegó a 68 millones. En los años que precedieron inmediatamente a la guerra, el aumento anual fue de unos 850.000 habitantes, de los cuales emigró una proporción mínima. Este gran incremento sólo pudo hacerse posible gracias a una transformación de gran alcance en la estructura económica del país.

Alemania, que era agrícola y que en lo esencial se sostenía a sí misma, se transformó en una vasta y compleja máquina industrial, dependiente, para su funcionamiento, de la combinación de numerosos factores, tanto internos como externos. El funcionamiento de esta máquina, continuo y a pleno rendimiento, era indispensable para que su población creciente encontrara ocupación dentro del país y para que se obtuvieran los medios necesarios para adquirir en el exterior sus medios de subsistencia. La máquina alemana era como un peón que, para mantener el equilibrio, debe avanzar cada vez con mayor rapidez.

En el Imperio austrohúngaro, cuya población aumentó de unos 40 millones de habitantes en 1890 a por lo menos 50 millones al estallar la guerra, se manifestó la misma tendencia, aunque en menor grado; el exceso anual de nacimientos sobre las defunciones era de aproximadamente medio millón, a pesar de que existía una emigración anual cercana a un cuarto de millón.

Para comprender la situación presente, es necesario asumir lo extraordinario del centro de población en que se ha convertido la Europa central gracias al desarrollo del sistema alemán. Antes de la guerra, la población conjunta de Alemania y Austria-Hungría no sólo superaba en términos absolutos a la de los Estados Unidos, sino que era casi equivalente a la de toda América del Norte. En la concentración de tales cifras dentro de un territorio continuo residía la fuerza militar de las Potencias Centrales. Pero esas mismas cifras de población, que la guerra no ha reducido de manera apreciable, sin medios suficientes de subsistencia, implican un peligro grave para el orden europeo.

La Rusia europea incrementó su población en proporciones aún mayores que Alemania: de menos de 100 millones en 1890 pasó a unos 150 millones al estallar la guerra; y en los años inmediatamente anteriores a 1914, el exceso de nacimientos sobre las muertes en Rusia alcanzó, en conjunto, la asombrosa cifra de dos millones por año. Este crecimiento descontrolado de la población rusa, que no ha sido debidamente apreciado en Inglaterra, ha constituido, sin embargo, uno de los hechos de mayor significación de estos últimos años.

Los grandes acontecimientos de la Historia suelen deberse a cambios seculares en el crecimiento de la población y a otras causas económicas fundamentales que, por su carácter gradual, escapan al conocimiento de los observadores contemporáneos y se atribuyen a las locuras de los hombres de Estado o al fanatismo de los pueblos. Así, los acontecimientos extraordinarios de los últimos años en Rusia, esa inmensa convulsión social que ha trastornado lo que parecía más sólido —la religión, las bases de la propiedad, el dominio de la tierra, así como las formas de gobierno y la jerarquía de clases—, pueden deberse más a las profundas influencias del crecimiento demográfico que a Lenin o a Nicolás; y al poder destructor de una fecundidad nacional excesiva puede haberle correspondido un papel mayor en la ruptura de todos los vínculos convencionales que al poder de las ideas o a los errores de la autocracia.

II. ORGANIZACIÓN

La delicada organización en la que vivían estos pueblos dependía, en parte, de factores internos del sistema.

Las incomodidades de las fronteras y de las aduanas se habían reducido al mínimo, y casi 300 millones de personas vivían dentro de los tres imperios de Rusia, Alemania y Austria-Hungría. Los distintos sistemas de circulación, todos basados en una relación estable con el oro y coordinados entre sí, facilitaban el flujo del capital y del comercio en una medida tal que sólo ahora, privados de sus ventajas, alcanzamos a apreciar plenamente su valor. En toda esta vasta región, la propiedad y las personas gozaban de una seguridad casi absoluta.

Estos factores de orden, seguridad y uniformidad, que Europa no había disfrutado hasta entonces en un territorio tan amplio y poblado ni durante un período tan prolongado, prepararon el terreno para la organización de aquel vasto mecanismo de transportes, distribución de carbón y comercio exterior que hizo posible una organización industrial de la vida en los densos centros urbanos de nueva población. Esto es demasiado conocido como para requerir una explicación detallada mediante cifras. No obstante, puede ilustrarse con los datos relativos al carbón, que fue la clave del crecimiento industrial de Europa central casi tanto como lo había sido para Inglaterra: la extracción de carbón en Alemania aumentó de 30 millones de toneladas en 1871 a 70 millones en 1890, 110 millones en 1900 y 190 millones en 1913.

Alrededor de Alemania, como eje central, se agrupó el resto del sistema económico europeo, y de la prosperidad y de la iniciativa alemana dependía en gran medida la prosperidad del resto del continente. El desarrollo continuo de Alemania ofrecía a sus vecinos un mercado para sus productos, y, a cambio, la iniciativa del comerciante alemán satisfacía a bajo costo sus principales necesidades.

La estadística de la interdependencia económica entre Alemania y sus vecinos resulta abrumadora. Alemania era el principal cliente de Rusia, Noruega, Bélgica, Suiza, Italia y Austria-Hungría; el segundo de Gran Bretaña, Suecia y Dinamarca, y el tercero de Francia. Era la mayor fuente de aprovisionamiento para Rusia, Noruega, Suecia, Dinamarca, Holanda, Suiza, Italia, Austria-Hungría, Rumania y Bulgaria, y la segunda para Gran Bretaña, Bélgica y Francia.

En cuanto a Inglaterra, exportábamos más a Alemania que a ningún otro país del mundo, con excepción de la India, y le comprábamos más que a ningún país, salvo a los Estados Unidos.

No había país europeo, excepto los situados al occidente de Alemania, que no realizara con ella más de la cuarta parte de su comercio total; y en el caso de Rusia, Austria-Hungría y Holanda, la proporción era considerablemente mayor.

Alemania no sólo abastecía a estos países mediante el comercio, sino que también proporcionaba a algunos de ellos una parte importante del capital necesario para su propio desarrollo. De las inversiones alemanas en el extranjero antes de la guerra, que ascendían en total a unos 1.250 millones de libras, no menos de 500 millones estaban invertidos en Rusia, Austria-Hungría, Bulgaria, Rumania y Turquía. Y a través del sistema de la llamada penetración pacífica, ofrecía a estos países no sólo capital, sino algo tan necesario como el capital mismo: organización. Toda la Europa situada al este del Rin quedó así integrada en la órbita industrial alemana, y su vida económica se ajustó a esa realidad.

Pero estos factores internos no habrían sido suficientes para permitir que la población se sostuviera por sí misma si no hubiera existido la cooperación de factores externos y ciertas disposiciones generales comunes a toda Europa. Muchas de las circunstancias ya descritas eran válidas para el continente en su conjunto y no exclusivas de los Imperios Centrales; sin embargo, todo lo que sigue era común al sistema europeo en general.

III. LA PSICOLOGÍA DE LA SOCIEDAD

Europa estaba, pues, organizada social y económicamente para asegurar la máxima acumulación de capital. Aunque existía una mejora continua en las condiciones de vida de la mayoría de la población, la sociedad estaba estructurada de modo que la mayor parte del aumento de los ingresos quedaba a disposición de la clase menos inclinada, probablemente, a consumirlos. Los nuevos ricos del siglo XIX no estaban acostumbrados a grandes gastos y preferían el poder que les otorgaba la colocación de su dinero a los placeres de su consumo inmediato. Precisamente la desigualdad en la distribución de la riqueza era lo que hacía posibles, en la práctica, aquellas vastas acumulaciones de capital fijo y de incrementos de capital que distinguieron a esta época de todas las anteriores. En esto reside, en realidad, la justificación fundamental del sistema capitalista. Si los ricos hubieran gastado su nueva riqueza en satisfacciones personales, el mundo habría considerado hace tiempo tal régimen como intolerable. Pero, como las abejas, ahorraban y acumulaban, no sin beneficio para toda la comunidad, aunque los guiara un móvil egoísta.

Las inmensas acumulaciones de capital fijo que, con gran provecho para la Humanidad, se formaron durante el medio siglo anterior a la guerra, no habrían podido surgir jamás en una sociedad donde la riqueza se hubiera distribuido de manera equitativa. Los ferrocarriles del mundo, que aquella época construyó como un monumento para la posteridad, fueron, al igual que las pirámides de Egipto, el resultado de un trabajo que no tenía libertad para destinar a goces inmediatos la totalidad de la remuneración de su esfuerzo.

Así, este notable sistema dependía, para su funcionamiento, de un doble engaño. Por un lado, las clases trabajadoras aceptaban, por ignorancia o impotencia, o eran inducidas a aceptar, persuadidas o engañadas por la costumbre, la autoridad y el orden social establecido, una situación en la que sólo podían considerar como propio un fragmento mínimo del pastel que ellas mismas, junto con la Naturaleza y los capitalistas, contribuían a producir. Por otro lado, se permitía a las clases capitalistas apropiarse de la mayor parte del pastel y, además, en principio, eran libres de consumirlo, con la condición tácita y establecida de que, en la práctica, consumían muy poco. El deber de ahorrar llegó a constituir las nueve décimas partes de la virtud, y el crecimiento del pastel se convirtió en objeto de una auténtica religión.

De la privación del pastel surgieron todos aquellos instintos de puritanismo que, en otras épocas, se alejaban del mundo y renunciaban tanto a las artes de la producción como a las del disfrute. Así creció el pastel, aunque sin que se comprendiera claramente para qué fin. Se exhortaba al individuo no tanto a abstenerse por completo como a posponer y cultivar los placeres de la seguridad y la previsión. Se ahorraba para la vejez o para los hijos; pero, en teoría, la virtud del pastel residía en que nunca sería consumido, ni por vosotros ni por vuestros descendientes.

Decir esto no implica desacreditar las prácticas de aquella generación. En lo más profundo e inconsciente de su ser, la sociedad comprendía bien la situación. El pastel era, en realidad, muy pequeño en relación con el apetito de consumo, y si se hubiera repartido entre todos, nadie habría mejorado sustancialmente su porción. La sociedad no trabajaba por los pequeños placeres inmediatos, sino por la seguridad futura y el perfeccionamiento de la raza, es decir, por el progreso. Si no se repartía el pastel y se le permitía crecer en la proporción geométrica que Malthus preveía para la población, y no menos cierta para el interés compuesto, acaso llegaría un día en que bastaría con detenerse y permitir que la posteridad disfrutara de nuestros esfuerzos. Ese día terminarían el exceso de trabajo, la aglomeración y la escasez de alimentos, y los hombres, satisfechas sus necesidades materiales, podrían dedicarse a los más nobles ejercicios de sus facultades. Una proporción geométrica podía contrarrestar a otra, y así el siglo XIX, fascinado por las virtudes mareantes del interés compuesto, fue capaz de olvidar la fecundidad de las especies.

Esta expectativa encerraba dos inconvenientes: nuestra abnegación no podía producir felicidad mientras la población creciera más rápido que la acumulación, y, al final, el pastel debía ser consumido prematuramente por la guerra, devoradora de todas aquellas esperanzas.

Pero estas reflexiones me alejan de mi propósito. Mi intención es simplemente mostrar que el principio de la acumulación, basado en la desigualdad, constituía una parte vital del orden social de la preguerra y del progreso tal como entonces lo concebíamos, y subrayar que dicho principio dependía de condiciones psicológicas frágiles e imposibles de reproducir. No era natural que una población en la que tan pocos disfrutaban de las comodidades de la vida realizara acumulaciones tan enormes. La guerra ha revelado a todos la posibilidad del consumo y, a muchos, la inutilidad de la abstinencia. Así queda expuesta la farsa: las clases trabajadoras pueden no estar dispuestas a continuar con tan amplia renuncia, y las clases capitalistas, perdida la confianza en el porvenir, pueden aspirar a gozar más plenamente de sus facilidades para consumir mientras aún las conserven, precipitando de ese modo la hora de su confiscación.

IV. LA RELACIÓN DEL VIEJO MUNDO CON EL NUEVO

Los hábitos de ahorro de Europa, antes de la guerra, constituían la condición indispensable del mayor de los factores externos que sostenían el equilibrio europeo.

Del excedente de capital, en forma de mercancías, acumulado por Europa, se exportó una gran parte al extranjero, donde su aplicación hacía posible el desarrollo de nuevos recursos en alimentos, materias y transportes, y al mismo tiempo colocaba al Viejo Mundo en condiciones de reclamar, con fundamento, su parte en la riqueza natural y en la productividad inexplorada del Nuevo. Este último factor llegó a adquirir una importancia capital. El Viejo Mundo empleó, con extraordinaria prudencia, el tributo anual al que así tenía derecho. Es cierto que se disfrutaban, sin aplazamiento, los beneficios de los aprovisionamientos baratos y abundantes, fruto del nuevo desarrollo que el excedente de capital hacía posible. Pero la mayor parte de los intereses generados por esas inversiones extranjeras se reinvertía y se dejaba acumular como una reserva —así se esperaba entonces— para el día menos favorable en que el trabajo industrial de Europa no pudiera seguir adquiriendo, en condiciones tan accesibles, los productos de otros continentes, y para cuando se viera amenazado el equilibrio entre su civilización histórica y las razas emergentes de otros climas y otros países. De este modo, todas las razas europeas tendían a beneficiarse también del crecimiento de los nuevos recursos, ya fuera fomentando su explotación interna, ya aventurándose en el extranjero.

Con todo, incluso antes de la guerra, el equilibrio así establecido entre las viejas civilizaciones y los nuevos recursos se encontraba amenazado. La prosperidad de Europa se basaba en el hecho de que, gracias al gran excedente de provisiones alimenticias en América, podía adquirir sus alimentos a un precio relativamente bajo, medido en relación con el trabajo necesario para producir sus bienes exportables, y en que, como consecuencia de la inversión previa de su capital, tenía derecho a obtener anualmente una suma considerable sin compensación directa. El segundo de estos factores parecía, por tanto, libre de peligro; pero, como resultado del crecimiento de la población en ultramar, principalmente en los Estados Unidos, el primero ya no ofrecía la misma seguridad.

Cuando comenzaron a ponerse en producción las tierras vírgenes de América, la proporción de la población de esos continentes —y, por consiguiente, de sus propias necesidades internas— era muy reducida en comparación con la de Europa. Hasta 1890, Europa contaba con una población tres veces mayor que la de América del Norte y del Sur juntas. Pero hacia 1914, la demanda interna de trigo en los Estados Unidos se aproximaba a su producción, y resultaba evidente que se acercaba el momento en que no existirían excedentes exportables, salvo en los años de cosecha excepcionalmente favorable. La demanda interna de los Estados Unidos se estimaba entonces en más del 90 por ciento de la producción media de los cinco años comprendidos entre 1909 y 1913. No obstante, en aquel período ya se manifestaba una tendencia restrictiva, no tanto por escasez absoluta como por el aumento constante del coste real. Es decir, considerado el mundo en su conjunto, no faltaba trigo; pero para obtenerlo era preciso ofrecer un precio efectivo más elevado. El factor más favorable de esta situación debía encontrarse en el grado en que Europa central y occidental podía ser abastecida mediante los excedentes exportables de Rusia y Rumania.

En síntesis, la demanda europea de recursos procedentes del Nuevo Mundo se volvía frágil; la ley de los rendimientos decrecientes reaparecía finalmente, y se hacía necesario que Europa ofreciera cada año una cantidad mayor de otros productos para obtener la misma cantidad de pan. En consecuencia, Europa no podía soportar, en ninguna circunstancia, la desorganización de ninguna de sus principales fuentes de aprovisionamiento.

Podría decirse mucho más en un intento de describir las características económicas de la Europa de 1914. He seleccionado como representativos tres o cuatro de los factores más importantes de inestabilidad: la inestabilidad derivada de una población excesiva, dependiente para su subsistencia de una organización compleja y artificial; la inestabilidad psicológica de las clases trabajadoras y capitalistas; y la inestabilidad de las demandas europeas, unida a su dependencia casi total del Nuevo Mundo para el abastecimiento de subsistencias.

La guerra sacudió este sistema hasta poner en peligro la supervivencia de Europa. Una gran parte del continente se hallaba enferma y agonizante; su población superaba con creces el número compatible con la vida; su organización estaba destruida; su sistema de transportes, alterado, y sus abastecimientos, gravemente reducidos.

Era tarea de la Conferencia de la Paz cumplir sus compromisos y satisfacer las exigencias de la justicia, y no menos importante restablecer la vida y cerrar las heridas. Estos deberes eran dictados tanto por la prudencia como por aquella magnanimidad que la sabiduría de la antigüedad atribuía a los vencedores. En los capítulos siguientes examinaremos el carácter real de la Paz.

CAPÍTULO II: LA CONFERENCIA

En los capítulos IV y V estudiaré con cierto detalle las disposiciones económicas y financieras del Tratado de Paz con Alemania. Pero será más fácil apreciar el verdadero origen de muchas de estas condiciones si examinamos aquí algunos de los factores personales que influyeron en su elaboración. Al acometer esta empresa, abordo inevitablemente cuestiones de motivación, en las que el observador está expuesto al error y carece de base suficiente para asumir la responsabilidad de un juicio definitivo. Si en este capítulo parece que me tomo a veces libertades propias del historiador, que por lo general no nos atrevemos a usar al tratar con contemporáneos —a pesar del mayor conocimiento directo que de ellos poseemos—, ruego al lector que me excuse, recordando cuán grande es la necesidad que tiene el mundo, si ha de comprender su destino, de iluminar, aunque sea de modo parcial e incierto, la compleja lucha, aún inconclusa, de la voluntad y de la decisión humanas, que, concentrada en cuatro individualidades de forma nunca antes igualada, hizo de ellas, en los primeros meses de 1919, un microcosmos de la Humanidad.

En las partes del Tratado a las que aquí me refiero, los franceses asumieron la dirección, en cuanto fueron ellos quienes, por lo general, iniciaron las proposiciones más definidas y extremas. Esto fue, en cierto modo, una cuestión de estrategia. Cuando se espera que el resultado final sea una transacción, lo más prudente es partir de una posición extrema; y los franceses previeron desde el principio, como muchas otras personas, un doble proceso de negociación: primero, para atender a las ideas de sus aliados y asociados, y después, en el curso de la Conferencia de la Paz propiamente dicha, para tratar con los alemanes. Lo ocurrido confirmó esta táctica. Clemenceau adquirió entre sus colegas del Consejo una reputación de moderación al abandonar en ocasiones, con aire de calculada imparcialidad, las proposiciones más extremas de sus ministros; y muchas otras pasaron sin oposición porque los críticos americanos e ingleses desconocían, como era natural, el verdadero punto en discusión, o porque una crítica demasiado persistente hacia Francia por parte de los aliados los colocaba en una posición que los hacía parecer parciales, como si defendieran la causa del enemigo. Así, cuando los intereses ingleses y americanos no se veían seriamente afectados, su crítica era débil, y se aprobaron decisiones que los propios franceses quizá no habrían tomado muy en serio y para las cuales luego no existía remedio, debido a la cláusula de la undécima hora, que no permitía discusión con los alemanes.

Pero, además de la táctica, los franceses tenían una política. Aunque Clemenceau abandonara las pretensiones de un Klotz o de un Loucheur, o cerrara los ojos con gesto de cansancio cuando los intereses franceses ya no estaban directamente en juego, conocía con claridad los puntos vitales para Francia, y en éstos cedía muy poco. En cuanto a las líneas económicas fundamentales del Tratado, responden a una idea coherente: esta idea es la de Francia y la de Clemenceau.

Clemenceau era, con mucho, el miembro más eminente del Consejo de los Cuatro, y comprendía plenamente el valor de sus colegas. Era el único capaz de concebir una idea y, al mismo tiempo, de anticipar todas sus consecuencias. Su edad, su carácter, su ingenio y su porte se combinaban para otorgarle relieve y un perfil nítido sobre un fondo confuso. No se le podía despreciar ni dejar de admirar. Lo único que cabía era sostener ideas distintas acerca de la naturaleza del hombre civilizado o, al menos, albergar esperanzas diferentes de las suyas.

El rostro y el porte de Clemenceau son universalmente conocidos. En el Consejo de los Cuatro vestía una chaqueta de bordes cuadrados, confeccionada con una tela excelente, negra, y llevaba en las manos, nunca descubiertas, guantes grises de Suecia; sus botas, de cuero negro resistente y de gran calidad, eran de tipo rústico y a veces se cerraban cuidadosamente por delante con una hebilla en lugar de cordones. Su lugar en la sala de la residencia presidencial, donde se celebraban las reuniones ordinarias del Consejo de los Cuatro —a diferencia de las conferencias privadas e imprevistas, que tenían lugar en una habitación más pequeña, en la planta inferior—, era un sillón cuadrado de brocatel, situado en el centro del semicírculo, frente a la chimenea, con Orlando a su izquierda, el presidente cerca del fuego, y el primer ministro Lloyd George enfrente, al otro lado de la chimenea, a su derecha. No llevaba papeles ni cartera, ni le acompañaba ningún secretario personal, aunque varios ministros y funcionarios franceses, designados según la materia tratada, se situaban a su alrededor. Su porte, su gesto y su voz conservaban energía; pero, no obstante, especialmente después del atentado sufrido, ofrecía el aspecto de un hombre muy anciano que reservaba sus fuerzas para las ocasiones graves. Hablaba poco, dejando la exposición inicial de la posición francesa a sus ministros o funcionarios; con frecuencia cerraba los ojos y se recostaba en su sillón, con un rostro impasible, casi de pergamino, y las manos enguantadas cruzadas delante.

Generalmente le bastaba una frase breve, incisiva o cínica, una pregunta, una desaprobación —a veces sin justificación— dirigida a sus ministros, sin guardar siquiera las formas, o una demostración de terquedad reforzada por unas pocas palabras en un inglés pronunciado con viveza. Pero nunca le faltaban la elocuencia ni la pasión cuando las necesitaba, ni la expresión rápida de la palabra, a menudo seguida de una tos profunda de pecho, que impresionaba más por su vigor y su brusquedad que por su capacidad de persuasión.

Con frecuencia, el señor Lloyd George, tras pronunciar un discurso en inglés, mientras éste era traducido al francés, cruzaba la alfombra hasta el presidente para reforzar su causa con algún argumento personal, en conversación privada, o para tantear la posibilidad de un entendimiento; y esto constituía, en ocasiones, la señal de la agitación y del desorden general. Los consejeros del presidente se acercaban a él; un instante después, los técnicos ingleses cruzaban para conocer el resultado o comprobar si todo marchaba bien, y enseguida llegaban los franceses, algo recelosos de que los otros estuvieran negociando a sus espaldas, hasta que toda la sala acababa de pie y la conversación se generalizaba en ambos idiomas. Mi impresión final y más vívida es la de una escena semejante: el presidente y el primer ministro en el centro de una multitud alterada y de una babel de sonidos; una mezcla de compromisos ansiosos e imprevistos y de contra compromisos; ruidos y furias sin significado sobre cuestiones sin sustancia, mientras los grandes planteamientos de la reunión matinal quedaban olvidados... y Clemenceau, silencioso y apartado mientras no se discutía nada que afectara a la seguridad de Francia, dominando la escena como desde un trono, con sus guantes grises, en un sillón de brocatel, con el ánimo seco y sin esperanzas, muy viejo y fatigado, pero observándolo todo con un aire cínico, casi despectivo y malicioso; y cuando, finalmente, se restablecía el silencio y cada cual regresaba a su lugar, se advertía que él ya había desaparecido.

Sentía respecto de Francia lo que Pericles sentía por Atenas: lo único que merecía atención estaba en ella; lo demás carecía de interés. Pero su teoría política era la de Bismarck. Tenía una ilusión: Francia; y una desilusión: la Humanidad, incluidos los propios franceses y no menos sus colegas. Sus principios en materia de Paz pueden expresarse de forma sencilla. Ante todo, creía firmemente en aquella concepción de la psicología alemana según la cual el alemán no entiende ni puede entender nada salvo la intimidación; que carece de generosidad y de remordimiento en los tratos; que no hay ventaja que no sea capaz de explotar, y que por su propio beneficio es capaz de rebajarse a todo; que no posee honor, orgullo ni piedad. Por tanto, no se debe negociar con un alemán ni buscar la conciliación: se le debe mandar. De otro modo no os respetará ni evitaréis que os engañe. Resulta difícil saber hasta qué punto consideraba que estas características eran exclusivas de Alemania o si su visión de otras naciones era, en esencia, diferente. En su concepción de las relaciones internacionales no había lugar para el sentimentalismo. Las naciones son realidades concretas: a una se la ama, y hacia las demás se siente indiferencia u hostilidad. La gloria de la nación amada es un fin deseable, pero por lo general debe alcanzarse a costa del vecino. La política de la fuerza es inevitable, y no cabe esperar nada sustancialmente nuevo de esta guerra ni del objetivo por el que se luchó; Inglaterra había destruido, como en el siglo anterior, a un rival comercial, y se había cerrado un capítulo importante en la lucha secular entre la gloria alemana y la gloria francesa. La prudencia exigía rendir homenaje verbal a los ideales de los ingenuos americanos y de los hipócritas ingleses; pero sería ingenuo creer que existe un lugar en el mundo, tal como es en realidad, para instituciones como la Sociedad de Naciones, o que el principio de autodeterminación tenga algún sentido, salvo como fórmula hábil para inclinar la balanza del poder en favor de los propios intereses.

Sin embargo, todo esto son generalidades. Al examinar los detalles prácticos de la Paz que él consideraba necesarios para el poder y la seguridad de Francia, debemos retroceder a las causas históricas que actuaron a lo largo de su vida. Antes de la guerra franco-prusiana, la población de Francia y de Alemania era aproximadamente igual; pero el carbón, el hierro y la marina alemanas estaban aún en sus inicios, y la riqueza de Francia era muy superior. Incluso después de la pérdida de Alsacia-Lorena no existía una gran diferencia entre los recursos efectivos de ambos países; pero en el período siguiente la situación relativa cambió por completo. Hacia 1914, la población alemana superaba en un setenta por ciento a la francesa; Alemania se había convertido en una de las principales naciones del mundo en industria y comercio, y su capacidad técnica y sus medios para producir riqueza futura no tenían rival. Francia, en cambio, poseía una población estancada o en retroceso y había quedado claramente rezagada en riqueza y en capacidad productiva.

A pesar de que Francia salió victoriosa de la contienda presente —con la ayuda, esta vez, de Inglaterra y de América—, su posición futura seguía siendo precaria a los ojos de quien considerara la guerra civil europea como algo normal, o al menos como un estado de cosas destinado a repetirse, y creyera que conflictos similares entre las grandes potencias organizadas, como los que habían llenado el siglo pasado, volverían a reproducirse. Desde esta perspectiva, la historia europea aparece como una lucha permanente, en la que Francia ha ganado esta partida, sin que ello implique que vaya a ser la última. La política de Francia y de Clemenceau es la consecuencia lógica de la creencia de que el viejo orden no cambia en lo esencial: se basa en una naturaleza humana considerada inmutable, y de ahí se deriva el escepticismo frente a toda doctrina que defienda la Sociedad de Naciones. Una paz magnánima, o un trato noble y equitativo, inspirado en la ideología de los Catorce puntos del presidente, no podía producir otro resultado que acortar el período de recuperación alemana y adelantar el día en que Alemania volvería a lanzar sobre Francia sus masas superiores, sus recursos mayores y su capacidad técnica. De ahí la exigencia de garantías; y cada garantía adoptada, al aumentar la irritación y, por tanto, la probabilidad de una revancha alemana hacía necesarias nuevas precauciones para someterla. Así, aceptada esta visión del mundo y rechazada la otra, se sigue de manera inevitable la demanda de una paz cartaginesa, con la intención de imponerla mediante toda la fuerza del poder existente. Clemenceau no dio muestras de considerarse obligado por los Catorce puntos y dejó a otros la tarea de elaborar las fórmulas ocasionales necesarias para tranquilizar los escrúpulos del presidente.

La política de Francia consistía, pues, en la medida de lo posible, en detener el reloj y deshacer lo que desde 1870 había logrado el progreso alemán. Había que reducir su población mediante la pérdida de territorio y otros medios; pero, sobre todo, era preciso destruir su sistema económico, del cual dependía su nueva fuerza: su vasta organización basada en el hierro, el carbón y los transportes. Si Francia lograba adquirir, aunque sólo fuera parcialmente, aquello que Alemania se veía obligada a abandonar, el desequilibrio de fuerzas entre ambos rivales por la hegemonía europea podía corregirse durante muchas generaciones.

De aquí proceden las múltiples decisiones orientadas a la destrucción de una vida económica tan sólidamente organizada, que examinaremos en el capítulo siguiente.

Ésta es la política de un anciano cuyas sensaciones e imágenes más vivas pertenecen al pasado y no al porvenir. No contempla esta empresa sino en cuanto afecta a Francia y a Alemania, y no en cuanto concierne a la Humanidad y a la civilización europea, que lucha por un nuevo orden. La guerra ha marcado su conciencia de un modo distinto al nuestro: no percibe, ni desea percibir, que nos encontramos en el umbral de una nueva era.

Pero, además, la cuestión planteada no es puramente teórica. Mi propósito en este libro es demostrar que la paz cartaginesa no es ni prácticamente justa ni viable. Aunque la escuela doctrinal de la que procede concede importancia al factor económico, ignora, sin embargo, las tendencias económicas más profundas que habrán de regir el porvenir. El reloj no puede detenerse. No es posible restaurar la Europa central de 1870 sin provocar desgarramientos profundos en la estructura europea ni sin liberar fuerzas humanas y espirituales que, trascendiendo razas y fronteras, no sólo os arrastrarán a vosotros, sino también a todo aquello que constituye nuestras garantías, nuestras instituciones y el orden existente de nuestra sociedad.

¿Por qué artificio de prestidigitación fueron sustituidos los Catorce puntos por esta política, y cómo llegó el presidente a aceptarla? La respuesta a esta pregunta es compleja y se apoya en circunstancias de carácter personal, en elementos psicológicos y en influencias sutiles del entorno, difíciles de descubrir y todavía más difíciles de expresar. Pero si alguna vez la acción de un solo individuo puede contar, la defección del presidente ha sido uno de los acontecimientos morales decisivos de la Historia; debo intentar explicarlo. ¡Qué lugar ocupaba el presidente en el corazón y en las esperanzas del mundo cuando embarcó en el George Washington! ¡Qué gran hombre llegó a Europa en los primeros días de nuestra victoria!

En noviembre de 1918, los ejércitos de Foch y las palabras de Wilson nos habían arrancado de golpe de aquella vorágine que devoraba todo lo que más nos importaba. Las condiciones parecían más favorables de lo esperado. La victoria fue tan completa que el temor no desempeñaba ningún papel en el Convenio. El enemigo había depuesto las armas confiando en un acuerdo solemne sobre el carácter general de la Paz, cuyos términos parecían garantizar una solución justa y magnánima, y una esperanza honesta de restauración de la interrumpida corriente de la vida. Para transformar esa probabilidad en certeza, el propio presidente había venido a poner el sello final a su obra.

Cuando el presidente Wilson partió de Washington, gozaba de un prestigio y de una influencia moral en todo el mundo sin precedentes en la Historia. Sus palabras firmes y medidas llegaban a los pueblos de Europa por encima de las voces de sus propios políticos. Los pueblos enemigos confiaban en él para cumplir el compromiso pactado, y los pueblos aliados lo acataban no sólo como vencedor, sino casi como un profeta. A esta influencia moral se sumaba la realidad del poder material. Los ejércitos americanos estaban en su punto máximo en número, disciplina y abastecimiento. Europa dependía por completo de las provisiones alimenticias enviadas por los Estados Unidos, y aún más absolutamente de ellos en el plano financiero. No sólo les debía más de lo que podía pagar, sino que necesitaba un auxilio posterior eficaz para salvarse del hambre y de la bancarrota. Jamás un filósofo había poseído instrumentos semejantes para someter a los príncipes de este mundo. ¡Cómo se apiñaban las multitudes de las capitales europeas en torno al carruaje del presidente! ¡Con qué curiosidad, con qué ansiedad y con qué esperanza intentábamos distinguir los rasgos y el porte del hombre del destino que, venido de Occidente, traía alivio a las heridas de la vieja madre de su civilización y pretendía sentar los cimientos de nuestro porvenir!

La desilusión fue tan profunda que quienes más habían confiado apenas se atrevían a hablar de ella. ¿Podía ser cierto?, preguntaban a los que regresaban de París. ¿Era el Tratado realmente tan malo como parecía? ¿Qué le había ocurrido al presidente? ¿Qué fragilidad o qué desgracia había conducido a una traición tan extraordinaria e imprevista?

Sin embargo, las causas eran muy corrientes y profundamente humanas. El presidente no era ni un héroe ni un profeta; ni siquiera era un filósofo; era simplemente un hombre de intención generosa, con muchas de las debilidades comunes a los demás seres humanos, y carente de aquella preparación intelectual dominante que habría sido necesaria para enfrentarse, cara a cara, en el Consejo, con los magos sutiles y peligrosos a quienes una colisión tremenda de fuerzas y personalidades había llevado a la cúspide como maestros triunfantes en el rápido juego del toma y daca, un juego en el que él no tenía experiencia alguna.

Teníamos, en realidad, una imagen completamente equivocada del presidente. Sabíamos que era un solitario reservado; lo creíamos dotado de una gran fuerza de voluntad y de una obstinación firme. No lo imaginábamos como un hombre de detalles, pero pensábamos que la claridad con la que se había apropiado de ciertas ideas fundamentales, unida a su tenacidad, le permitiría apartar cualquier clase de obstáculo. Además, suponíamos que poseía la objetividad, la cultura y el conocimiento amplio propios de un hombre de estudio. La elegancia del lenguaje que se percibía en sus célebres notas parecía indicar una imaginación elevada y poderosa. Sus retratos mostraban una presencia atractiva y una expresión imperativa. Y, por añadidura, había alcanzado y ejercido con autoridad creciente la magistratura suprema de un país donde no se desdeñan las artes de la política. Todo ello, sin esperar lo imposible, parecía una combinación notable de cualidades para la tarea en cuestión.

La primera impresión que causaba de cerca el señor Wilson disipaba algunas, pero no todas, de estas ilusiones. Su cabeza y sus rasgos estaban finamente delineados, tal como aparecían en sus fotografías, y su cuello y la posición de su cabeza eran distinguidos. Pero, como Ulises, el presidente parecía más imponente cuando estaba sentado, y sus manos, aunque hábiles y bastante fuertes, carecían de sensibilidad y delicadeza. Una primera mirada sugería no sólo que su temperamento no era el de un sabio ni el de un hombre de estudio, sino que tampoco poseía aquel conocimiento práctico del mundo que distinguía a M. Clemenceau o a Mr. Balfour como caballeros exquisitamente formados de su generación. Pero, lo que era aún más grave, no sólo resultaba insensible al entorno externo, sino también a su propio séquito. ¿Qué ventaja podía tener un hombre así frente a la sensibilidad casi infalible, de Mr. Lloyd George para todo lo que lo rodeaba de inmediato? Al observar al primer ministro británico vigilando a los presentes con seis o siete sentidos —inaccesibles para los hombres comunes—, juzgando el carácter, los motivos y los impulsos subconscientes, penetrando en lo que cada cual pensaba y hasta en lo que estaba a punto de decir, y ordenando con instinto casi telepático el argumento o la excitación más adecuada a la vanidad, la debilidad o el egoísmo de su interlocutor, se comprendía que el pobre presidente iba a desempeñar en esa partida el papel del ciego. Difícilmente habría podido presentarse una víctima más perfecta para las refinadas artes del primer ministro.

En todo caso, el Viejo Mundo era tenaz en su perversidad; su corazón de piedra podía mellar la hoja mejor afilada del más valeroso de los caballeros andantes. Pero este Don Quijote, ciego y sordo, penetraba en una caverna donde el acero rápido y brillante estaba ya en la mano del adversario.

Pero, si el presidente no era el rey de los filósofos, ¿qué era entonces? Después de todo, había pasado gran parte de su vida en una universidad. No era, en absoluto, un hombre de negocios ni un político de partido vulgar, sino un hombre de fuerza, de personalidad y de peso. ¿Cuál era, pues, su temperamento? Una vez encontrada la respuesta, todo se aclara. El presidente era algo parecido a un ministro no conformista, acaso de tradición presbiteriana. Su pensamiento y su temperamento eran esencialmente teológicos y no intelectuales, con toda la fuerza y toda la debilidad, propias de esa manera de pensar, de sentir y de expresarse. Se trata de un tipo del que ya no quedan en Inglaterra ni en Escocia ejemplos tan magníficos como antaño; pero esta descripción ofrecerá, sin duda, a un lector inglés la imagen más precisa del presidente.

Mantengamos este retrato en la mente y volvamos al curso de los acontecimientos. El programa que el presidente había presentado al mundo en sus discursos y notas revelaba un espíritu y unos propósitos tan admirables que sus partidarios no se detuvieron a juzgar los detalles; detalles que, según creían, se habían omitido deliberadamente, pero que se completarían en su debido momento. Al comienzo de la Conferencia de París se creía, de forma generalizada, que el presidente había concebido, con la ayuda de sus consejeros, un plan que abarcaba no sólo la vida de las naciones, sino también la incorporación de los Catorce puntos al Tratado de Paz. Pero, en realidad, el presidente no había elaborado nada, y cuando llegó el momento de la aplicación práctica, sus ideas resultaron vagas e incompletas. No tenía plan, ni proyecto, ni concepción constructiva alguna para dar cuerpo real a los mandamientos proclamados desde la Casa Blanca. Podía predicar un sermón sobre cualquiera de ellos o elevar una oración solemne al Todopoderoso para su cumplimiento; pero no podía traducirlos a una aplicación concreta en la Europa real de aquel momento.

No sólo carecía de proposiciones detalladas, sino que en muchos aspectos estaba mal informado sobre las circunstancias europeas. Y no sólo estaba mal informado —como también lo estaba Mr. Lloyd

George—, sino que su espíritu era lento y poco adaptable. La lentitud del presidente entre los europeos resultaba llamativa. No lograba comprender en un instante lo que los demás exponían, ni captar la situación de conjunto de un solo vistazo, ni ordenar una respuesta inmediata, ni eludir una pregunta mediante un rápido cambio de terreno; quedaba así expuesto a la derrota por la simple rapidez mental y agilidad de un Lloyd George. Rara vez un hombre de Estado de primera fila habrá asistido con mayor incompetencia a las sutilezas de la discusión en un Consejo. A menudo surgía una ocasión en la que podía alcanzarse una victoria importante si, mediante una concesión aparente, se lograba evitar la oposición o conciliarla reformulando la propuesta de manera favorable al adversario sin sacrificar nada esencial.

El presidente no dominaba este arte sencillo y común. Su espíritu era demasiado lento y carente de recursos para responder a lo imprevisto. Era capaz de plantarse y no ceder, como ocurrió en el asunto de Fiume, pero no tenía otra defensa. Por lo general, a sus contradictores les bastaba hacer muy poco para impedir que la situación llegara a ese punto antes de que fuera demasiado tarde. Con cortesía y con apariencias de concesión se podía apartar al presidente de su terreno y hacerle perder el instante decisivo; y cuando advertía a dónde había sido conducido, ya era tarde. Además, resulta imposible plantarse en cada ocasión cuando se pasa mes tras mes en una amistad íntima y visible con los propios asociados. La victoria sólo era posible para quien mantuviera en todo momento una percepción suficientemente viva del conjunto de la situación, para reservar su pasión y actuar con decisión en los momentos clave; y para esto el presidente resultaba excesivamente lento y vacilante.

Tampoco corrigió estos defectos recurriendo a la ayuda de la sabiduría colectiva de sus colaboradores. Contaba a su alrededor, para las cuestiones económicas del Tratado, con un grupo muy capaz de hombres de negocios; pero carecían de experiencia en asuntos públicos y sabían —con una o dos excepciones— tan poco de Europa como él mismo, y sólo los convocaba cuando necesitaba algo muy concreto. Así mantuvo el aislamiento que en Washington había resultado eficaz, y la reserva anómala de su carácter no admitía cerca de él a nadie que aspirara a una igualdad moral o a ejercer una influencia constante. Sus plenipotenciarios guardaban silencio, y hasta el leal coronel House, con mucho mayor conocimiento de los hombres y de Europa que Wilson, y gracias a cuya perspicacia se había compensado en parte la lentitud del presidente, fue relegado con el tiempo a un segundo plano. Todo esto fue favorecido por sus colegas del Consejo de los Cuatro, quienes, mediante la disolución del Consejo de los Diez, completaron el aislamiento iniciado por el propio temperamento del presidente. Así, día tras día y semana tras semana, consintió en verse encerrado, abandonado, sin consejo ni apoyo, frente a hombres mucho más perspicaces que él, en situaciones de dificultad extrema, cuando precisamente habría necesitado imaginación, flexibilidad y conocimiento. Se dejó impregnar por su atmósfera; toleró que se cuestionaran los fundamentos de sus propósitos y principios, y terminó dejándose arrastrar a su terreno.

Éstas y otras causas se combinaron para producir la siguiente situación. El lector debe tener presente que el proceso que aquí se resume en unas cuantas páginas tuvo lugar de manera lenta, gradual e insidiosa a lo largo de un período de unos cinco meses.

Como el presidente no había preparado nada, el Consejo trabajaba por lo general sobre la base de un plan francés o inglés. El primero tenía que adoptar, por tanto, una actitud persistente de resistencia, de crítica y de negación, si el proyecto había de ajustarse en alguna medida a sus propias ideas y propósitos. Si en ciertos puntos se le trataba con aparente generosidad —pues siempre existía un margen seguro para ceder en proposiciones absurdas que nadie tomaba en serio—, resultaba difícil que él no lo compensara de otra manera. El compromiso era inevitable, y muy difícil evitar comprometerse en lo esencial. Además, pronto se le hizo aparecer como defensor de la causa alemana, quedando expuesto a la insinuación —a la que era ingenua y desgraciadamente sensible— de estar del lado de los alemanes.

Después de una demostración de principios y de dignidad en los primeros días del Consejo de los Diez, descubrió que existían ciertos puntos de gran importancia en el programa de sus colegas franceses, ingleses e italianos —según los casos— cuya aceptación era incapaz de obtener mediante los métodos de la diplomacia secreta. ¿Qué podía hacer entonces, en último término? Podía permitir que la Conferencia se prolongara sin finalidad, interponiendo su obstinación. Podía interrumpirla y regresar a América en un momento de ira, sin resolver nada. Podía intentar una apelación directa al mundo, pasando por encima de los miembros de la Conferencia. Todas eran alternativas desafortunadas, contra cada una de las cuales había poderosos argumentos. Además, resultaban muy arriesgadas, sobre todo para un político. La política equivocada del presidente en la elección del Congreso había debilitado su posición personal en su propio país, y no era en absoluto seguro que la opinión pública americana lo hubiera respaldado en una postura intransigente. Ello habría significado una campaña cuyas consecuencias se habrían visto anuladas por toda clase de consideraciones personales y partidistas, y ¿quién podía asegurar que el Derecho triunfaría en una lucha que, con toda certeza, no habría de decidirse por sus méritos? Además, cualquier ruptura abierta con sus colegas habría atraído sobre su cabeza la pasión ciega de los antialemanes, sentimiento que aún dominaba al público de todas las naciones aliadas. No escucharían sus argumentos ni tendrían la serenidad necesaria para considerar su iniciativa como una cuestión de moralidad internacional o de buen gobierno para Europa. El grito sería, simplemente, que por diversas razones turbias y egoístas el presidente deseaba «no dejar que se metieran con los hunos». Podía preverse cuál sería la reacción unánime de la prensa francesa e inglesa. Así pues, si lanzaba el desafío públicamente, podía ser derrotado. Y si lo era, ¿no resultaría la Paz definitiva mucho peor que si él permanecía allí, manteniendo su prestigio y tratando de hacerla tan buena como las estrechas condiciones de la política europea se lo permitieran? Pero, sobre todo, si era derrotado, ¿no se perdería la Sociedad de Naciones? ¿Y no era éste, después de todo y con mucho, el resultado más importante para la futura felicidad del mundo? El Tratado podía modificarse y suavizarse con el tiempo. Mucho de lo que ahora parecía vital podía llegar a ser insignificante, y mucho de lo que era impracticable, precisamente por ello, no llegaría nunca a realizarse. En cambio, la Sociedad, aun en una forma imperfecta, sería duradera; constituía el comienzo de un nuevo principio de gobierno mundial; la verdad y la justicia en las relaciones internacionales no podían establecerse en unos pocos meses, sino que debían surgir con el tiempo mediante la lenta aceptación de la Sociedad. Clemenceau había tenido la habilidad suficiente para dejar entrever que aceptaría la Sociedad a cierto precio.

En este momento crítico de su destino, el presidente era un hombre aislado. Atrapado en las redes del Viejo Mundo, necesitaba con urgencia simpatía, apoyo moral y entusiasmo popular. Pero enterrado en la Conferencia, asfixiado en la atmósfera sofocante y envenenada de París, no le llegaba ningún eco del mundo exterior, ni una sola vibración de pasión, simpatía o aliento de sus silenciosos representados de todos los países. Sentía que la llama de popularidad que lo había ovacionado a su llegada a Europa se había debilitado; la prensa parisina lo ridiculizaba abiertamente; sus adversarios políticos en su país aprovechaban su ausencia para crear un clima hostil; Inglaterra, fría y censora, no respondía. Había configurado su *entourage* de tal modo que no le llegaba, por conductos privados, la corriente de confianza y entusiasmo que suele brotar de las fuentes populares. Necesitaba la fuerza acumulada de la fe colectiva, pero carecía de ella. El temor alemán pesaba aún sobre nosotros, y el público simpatizante seguía prevenido; el enemigo no debía ser alentado; los aliados debían ser apoyados; no era éste el momento de discordias ni agitaciones; había que confiar en que el presidente haría lo mejor que pudiera. Y en esta aridez, la flor de la fe del presidente se marchitó y se secó.

Llegó incluso a ocurrir que el presidente dio contraorden al George Washington, al que en un momento de cólera, harto justificada, había mandado preparar para llevarlo desde las traidoras estancias de París de regreso a la sede de su autoridad, donde pudiera reencontrarse consigo mismo. Pero en cuanto emprendía el camino de los compromisos, los defectos ya mencionados de su temperamento y de su preparación reaparecían inevitablemente. Podía adoptar una postura elevada; podía mostrarse obstinado; podía lanzar notas desde el Sinaí o desde el Olimpo; podía resultar inaccesible en la Casa Blanca o en el Consejo de los Diez, y entonces estaba a salvo. Pero si descendía al plano de la íntima igualdad de los Cuatro, la partida estaba perdida.

Fue entonces cuando lo que he llamado su temperamento teológico o presbiteriano se volvió peligroso. Habiendo decidido que algunas concesiones eran inevitables, podría haber intentado, con firmeza y destreza, utilizando el poder financiero de los Estados Unidos, asegurar cuanto fuese posible del espíritu de sus principios, aun a costa de sacrificar algo de la letra. Pero el presidente era incapaz de una transacción tan clara consigo mismo como ésta exigía. Era demasiado escrupuloso. Aunque las concesiones se habían vuelto necesarias, seguía siendo un hombre de principios, y los Catorce puntos, un contrato que lo obligaba de manera absoluta. No habría hecho nada que no considerara honorable, nada que no fuera justo y recto, nada que contradijera su gran profesión de fe. Así, sin perder nada de su inspiración verbal, los Catorce puntos se transformaron en un documento de glosas e interpretaciones, revestido de todo el aparato intelectual de la propia autojustificación, mediante el cual —me atrevo a afirmarlo— los antepasados del presidente se habían persuadido de que el camino que creían necesario seguir se desprendía de cada sílaba del Pentateuco.

La actitud del presidente frente a sus colegas llegó entonces a ser la siguiente: *Debo coincidir con vosotros en la medida de lo posible; comprendo vuestras dificultades y desearía acceder a lo que proponéis; pero no puedo hacer nada que no sea justo y recto, y vosotros debéis demostrarme, ante todo, que lo que pedís cabe realmente dentro de las palabras de las declaraciones que me obligan.* Y así comenzó el tejido de aquella red de exégesis y de sofisma jesuítico que acabaría revistiendo de insinceridad el lenguaje y la sustancia de todo el Tratado. La consigna fue lanzada a los hechiceros de todo París:

Fair is foul, and foul is fair,
Hover through the fog and filthy air[1].

---

[1] Lo bello es vil, y lo vil es bello;
flotemos entre la niebla y el aire inmundo. [Nota del Editor]

Los sofistas más ingeniosos y los proyectistas más hipócritas se pusieron manos a la obra y produjeron numerosos trabajos sutiles que habrían engañado durante más de una hora a un hombre más perspicaz que el presidente.

Así, en lugar de decir que a la Austria alemana se le prohíbe unirse con Alemania, salvo con la autorización de Francia (lo que no cabría dentro del principio de la libre determinación), el Tratado, con hábil delicadeza, afirma que «Alemania reconoce y respeta estrictamente la independencia de Austria dentro de las fronteras que se fijarán en un Tratado entre aquel Estado y las Potencias principales aliadas y asociadas; reconoce que esta independencia será inalienable, salvo con el consentimiento del Consejo de la Sociedad de Naciones», lo cual parece completamente diferente y es exactamente lo mismo. Pero ¿quién recuerda que el presidente pasó por alto que otra parte del Tratado dispone que, para este propósito, el Consejo de la Sociedad ha de decidir de forma unánime?

En lugar de conceder Dantzig a Polonia, el Tratado establece que sea ciudad libre; pero la incluye dentro de las fronteras aduaneras polacas, confía a Polonia el control del sistema de ríos y ferrocarriles, y ordena que «el Gobierno polaco dirigirá las relaciones exteriores de la ciudad libre de Dantzig, así como la protección diplomática de sus ciudadanos en el extranjero».

Al colocar el sistema fluvial de Alemania bajo control externo, el Tratado habla de declarar internacionales aquellos «sistemas fluviales que sirven naturalmente a más de un Estado de acceso al mar, con o sin trasbordo de uno a otro barco».

Ejemplos semejantes podrían multiplicarse. El propósito legítimo y comprensible de la política francesa —limitar la población de Alemania y debilitar su sistema económico— se revistió, para satisfacción del presidente, con el solemne lenguaje de la libertad y de la igualdad internacionales.

Pero acaso el momento más decisivo en la desintegración de la situación moral del presidente y en el oscurecimiento de su juicio fue cuando, finalmente, con el desaliento de sus consejeros, se dejó convencer de que el gasto realizado por los gobiernos aliados en pensiones y compensaciones de internados podía considerarse justamente como «daño causado a la población civil de las Potencias aliadas y asociadas por la agresión de Alemania por tierra, por mar y por aire», en un sentido en el que no podían incluirse los demás gastos de la guerra. Hubo una prolongada lucha doctrinal, en la cual, tras desechar numerosos argumentos distintos, el presidente terminó por capitular ante la obra maestra del arte de los sofistas.

Finalmente se dio por concluida la obra, y la conciencia del presidente quedó intacta. A pesar de todo, creo que su temperamento le permitió abandonar París siendo realmente un hombre sincero, y es probable que hoy esté profundamente convencido de que el Tratado no contiene nada que contradiga sus primeras declaraciones.

La obra era demasiado acabada, y a ello se debió el último episodio trágico del drama. La réplica de Brockdorff-Rantzau no podía dejar de apoyarse en el argumento de que Alemania había depuesto las armas sobre la base de ciertas garantías, y de que el Tratado, en muchos aspectos, no se ajustaba a ellas. Pero esto era precisamente lo que el presidente no podía admitir; en su penosa reflexión solitaria, acompañada de sus oraciones a Dios, no había hecho nada que no fuera justo y bueno. Admitir que la respuesta alemana tenía algún fundamento habría significado para él destruir su respeto por sí mismo y quebrar el equilibrio interno de su espíritu, y todos los instintos de su naturaleza obstinada se alzaron en defensa propia.

En términos de psicología médica, sugerir al presidente que el Tratado implicaba un abandono de sus promesas equivalía a tocar un punto freudiano sensible. No era una cuestión discutible, y los impulsos subconscientes conspiraban para impedir cualquier examen adicional.

Así fue como Clemenceau consiguió el éxito de una propuesta que pocos meses antes parecía extraña e imposible: que los alemanes no fueran escuchados. Bastaba con que el presidente no hubiera sido tan escrupuloso; bastaba con que no se hubiera ocultado a sí mismo su propia obra, para que, incluso en el último momento, hubiera podido recuperar el terreno perdido y alcanzar un éxito considerable. Pero el presidente permaneció inmóvil. Sus brazos y sus piernas habían sido sujetos por los cirujanos en una posición fija, y antes se habrían roto que moverse. El señor Lloyd George, deseoso de obrar con la mayor moderación en el último momento, descubrió con horror que en cinco días no lograría persuadir al presidente de que era un error aquello que había tardado cinco meses en convencerle de que era justo y recto. Al final, resultaba más difícil desengañar a este viejo presbiteriano de lo que había sido engañarlo, porque en su engaño ya estaban implicadas su fe y su respeto por sí mismo.

Así, en el acto final, el presidente se mantuvo obstinado y rechazó toda conciliación.

CAPÍTULO IV: EL TRATADO

Las ideas que he expuesto en el capítulo II no estaban presentes en el espíritu de la Conferencia de París. No les interesaba la vida futura de Europa ni les preocupaban sus medios de subsistencia. Sus inquietudes, legítimas o no, se referían a las fronteras y a las nacionalidades, al equilibrio de las Potencias, a los engrandecimientos imperiales, al propósito de debilitar para el porvenir a un enemigo fuerte y peligroso, a la venganza y a imponer sobre los hombros del vencido la carga financiera insoportable de los vencedores.

Dos proyectos rivales para la futura política del mundo se enfrentaban: los Catorce puntos del presidente y la paz cartaginesa de M. Clemenceau. Sólo uno de ellos tenía derecho a prevalecer, porque el enemigo no se había rendido incondicionalmente, sino sobre la base de condiciones acordadas en cuanto al carácter general de la Paz.

No puede pasarse por alto, desgraciadamente, este aspecto de lo ocurrido sin decir algunas palabras, porque en el ánimo de muchos ingleses, al menos, ha sido un asunto profundamente mal comprendido. Muchas personas creen que las cláusulas del Armisticio constituían el primer contrato celebrado entre las Potencias aliadas y asociadas y el Gobierno alemán, y que entrábamos en la Conferencia con las manos libres, salvo en aquello en que los términos del Armisticio nos ataban. No era así. Para aclarar la situación, es necesario revisar brevemente la historia de las negociaciones, iniciadas con la nota alemana del 5 de octubre de 1918 y concluidas con la nota del presidente Wilson del 5 de noviembre de 1918.

El 5 de octubre de 1918, el Gobierno alemán dirigió una breve nota al presidente aceptando los Catorce puntos y solicitando negociaciones de paz. La respuesta del presidente, del 8 de octubre, preguntaba si debía entenderse de manera inequívoca que el Gobierno alemán aceptaba los «términos fijados» en los Catorce puntos y en sus mensajes posteriores, y que su objetivo al entrar en discusión sería únicamente llegar a un acuerdo sobre los detalles prácticos de su aplicación. Añadía que la evacuación del territorio invadido debía ser una condición previa del Armisticio. El 14 de octubre, tras recibir esta respuesta afirmativa, el presidente envió una nueva comunicación aclarando los puntos: primero, que la determinación de los detalles del Armisticio correspondería a los consejeros militares de los Estados Unidos y de los aliados, y que debía ofrecer garantías absolutas contra la posibilidad de que Alemania reanudara las hostilidades; segundo, que para que continuaran estas conversaciones debía cesar la guerra submarina; y tercero, que exigía nuevas garantías sobre el carácter representativo del Gobierno con el que debía tratar.

El 20 de octubre, Alemania aceptó los puntos primero y segundo, e indicó, respecto del tercero, que contaba con una Constitución y un Gobierno cuya autoridad dependía del Reichstag. El 23 de octubre, el presidente anunció que, habiendo recibido del Gobierno alemán la solemne y explícita seguridad de que aceptaba sin reservas los términos de la Paz fijados en su comunicación al Congreso de los Estados Unidos del 8 de enero de 1918 —los Catorce puntos— y los principios de arreglo enunciados en sus mensajes posteriores, especialmente en el mensaje del 27 de septiembre, y que estaba dispuesto a discutir los detalles de su aplicación, había transmitido dicha respuesta a los gobiernos de las Potencias aliadas, con la indicación de que, si estos gobiernos estaban dispuestos a llevar a cabo la Paz sobre los términos y principios señalados, debían pedir a sus consejeros militares que formularan los términos del Armisticio de tal modo que aseguraran a los gobiernos asociados un poder ilimitado para salvaguardar y reforzar los detalles de la Paz a los que había dado su conformidad el Gobierno alemán. Al final de esta nota, el presidente aludía de forma más explícita que en la del 14 de octubre a la abdicación del Káiser. Con ello se completaban las negociaciones preliminares, en las que el presidente actuó solo, sin la participación directa de los gobiernos aliados.

El 5 de noviembre de 1918, el presidente transmitió a Alemania la respuesta recibida de los gobiernos asociados y añadió que el mariscal Foch había sido autorizado para comunicar los términos del Armisticio a los representantes debidamente acreditados. En dicha respuesta, los gobiernos aliados, ateniéndose a las condiciones que seguían, declaraban su voluntad de hacer la Paz con el Gobierno de Alemania en los términos establecidos en la comunicación del presidente al Congreso del 8 de enero de 1918 y conforme a los principios de arreglo enunciados en sus mensajes posteriores.

Las condiciones mencionadas eran dos. La primera se refería a la libertad de los mares, respecto de la cual los aliados se reservaban completa libertad. La segunda trataba de las reparaciones y establecía que, además, en las condiciones de paz fijadas en su mensaje al Congreso del 8 de enero de 1918, el presidente había declarado que los territorios invadidos debían ser restaurados, evacuados y liberados. Los gobiernos aliados entendían que no debía existir ninguna duda sobre el significado de esta condición y la interpretaban como la obligación de Alemania de compensar todos los daños causados a la población civil de los aliados y a su propiedad por la agresión alemana por tierra, mar y aire.

La naturaleza del contrato celebrado entre Alemania y los aliados, resultante de este intercambio de documentos, es clara e inequívoca. Los términos de la Paz debían ajustarse a los mensajes del presidente, y el objetivo de la Conferencia de la Paz era «discutir los detalles de su aplicación». Las circunstancias del contrato revestían un carácter excepcionalmente solemne y vinculante, porque una de sus condiciones era que Alemania debía someterse a los términos del Armisticio, concebidos de modo que la dejaban indefensa. Una vez que Alemania quedó indefensa por efecto del contrato, el honor de los aliados quedaba especialmente comprometido a cumplir su parte y, en caso de ambigüedades, a no aprovechar su posición para explotarlas.

¿Cuál era, pues, la sustancia de este contrato al que los aliados se habían obligado? El examen de los documentos muestra que, aunque gran parte de los mensajes estaba formulada con cautela, con propósito e intención más que con soluciones concretas, y que muchas cuestiones que exigían una solución no estaban siquiera mencionadas en el Tratado de Paz, sin embargo, algunas materias quedaban resueltas de manera definitiva. Es cierto que dentro de amplios márgenes los aliados conservaban libertad de acción. También es difícil aplicar, sobre la base de un compromiso, pasajes redactados con intención deliberadamente abierta; cada lector debe juzgar por sí mismo, a la vista de los textos, si se incurrió en engaño o hipocresía. Pero permanecen, como se verá más adelante, ciertas conclusiones importantes en las que el Convenio es inequívoco.

Además de los Catorce puntos del 8 de enero de 1918, los mensajes del presidente que forman parte del contenido del Convenio son cuatro: el pronunciado ante el Congreso el 11 de febrero, el de Baltimore del 6 de abril, el de Monte Vernon del 4 de julio y el de Nueva York del 27 de septiembre, haciéndose referencia especial a estos últimos en el Convenio. Me permito extraer de estos mensajes los compromisos esenciales, evitando repeticiones, que resultan más pertinentes para el Tratado con Alemania. Lo que omito refuerza más bien que debilita lo que cito, pero se refiere principalmente a intenciones generales y es quizá demasiado vago para una interpretación estrictamente contractual.

De los Catorce puntos:

3. La eliminación, en la medida de lo posible, de todas las barreras económicas y el establecimiento de una igualdad de condiciones comerciales entre todas las naciones adheridas a la Paz y asociadas para su mantenimiento.

4. Garantías adecuadas, otorgadas y recibidas, de que los armamentos nacionales se reducirán al mínimo compatible con la seguridad interna.

5. Arreglo libre, realizado con espíritu abierto y absolutamente imparcial, de todas las aspiraciones coloniales, teniendo en cuenta los intereses de las poblaciones afectadas.

6. 7, 8 y 11. La evacuación y restauración de todos los territorios invadidos, especialmente de Bélgica. A ello se añade la exigencia aliada de compensación por todos los daños causados a los civiles y a su propiedad por tierra, mar y aire.

8. La reparación del daño causado a Francia por Prusia en 1871 con el asunto de Alsacia-Lorena.

13. Una Polonia independiente, que incluya los territorios habitados por poblaciones indiscutiblemente polacas y que tenga un acceso libre y seguro al mar.

14. La Sociedad de Naciones.

Ante el Congreso, 11 de febrero: «No habrá anexiones, ni contribuciones, ni indemnizaciones punitivas… La libre determinación de los pueblos no es una simple frase; es un principio imperativo de acción que los hombres de Estado sólo podrán ignorar en adelante con peligro para ellos… Todo arreglo territorial derivado de esta guerra debe hacerse en interés y beneficio de las poblaciones afectadas, y no como un mero intercambio de aspiraciones entre Estados rivales».

Nueva York, 27 de septiembre:

La justicia imparcial no debe establecer distinciones entre aquellos con quienes deseamos ser justos.

Ningún interés particular de una nación o grupo de naciones puede servir de base a un arreglo que no concuerde con el interés común de todas.

No puede haber ligas, alianzas o compromisos especiales dentro de la familia general de la Sociedad de Naciones.

No puede haber combinaciones económicas egoístas ni boicots económicos dentro de la Sociedad, salvo la facultad, como sanción, de excluir de los mercados del mundo, establecida por la propia Sociedad como medio de disciplina y control.

Todos los acuerdos internacionales y tratados de cualquier naturaleza deben hacerse públicos en su totalidad.

Este programa, sabio y magnánimo para el mundo, fue formulado el 5 de noviembre de 1918 en el terreno del idealismo y de las aspiraciones, y se convirtió en parte de un contrato solemne suscrito por todas las grandes potencias del mundo. Sin embargo, en la ciénaga de París se perdió por completo su espíritu; su letra fue en parte ignorada y en parte distorsionada.

Las observaciones alemanas sobre el proyecto de Tratado de Paz consistieron, ante todo, en una comparación entre los términos del acuerdo en virtud del cual la nación alemana había aceptado deponer las armas y las decisiones posteriores del documento que se le presentó para su firma. A los comentaristas alemanes no les resultó difícil demostrar que el proyecto de Tratado constituía una infracción de los compromisos y de la moralidad internacionales, comparable a la suya propia al invadir Bélgica. Sin embargo, la réplica alemana no fue en todos sus aspectos un documento plenamente digno de la ocasión, pues, pese a la justicia y a la importancia de buena parte de su contenido, carecía de aquella amplitud, elevación y dignidad de miras, así como de aquella forma sencilla, objetiva y desapasionada que los profundos sentimientos del momento exigían. Los gobiernos aliados no le prestaron consideración seria alguna, y dudo que la delegación alemana hubiera podido decir nada que influyera de manera decisiva en el resultado.

Las virtudes más comunes en los individuos faltan con frecuencia en los representantes de las naciones. Un hombre de Estado que no se representa a sí mismo, sino a su país, puede aparecer —sin incurrir en una censura excesiva, como demuestra la Historia— vengativo, pérfido y egoísta. Tales cualidades son habituales en los tratados impuestos por los vencedores. Pero la delegación alemana no logró subrayar, con palabras ardientes y proféticas, la cualidad que distingue de forma fundamental este Convenio de todos los precedentes históricos: la insinceridad.

Este asunto, sin embargo, debe quedar para otra pluma distinta de la mía. Yo me limitaré, en lo que sigue, no a juzgar la justicia del Tratado ni la demanda de castigo para el enemigo ni la obligación de justicia contractual del vencedor, sino la sensatez y las consecuencias del Tratado.

Mi propósito es, por tanto, exponer en este capítulo de forma directa los principales preceptos económicos del Tratado, reservando para el siguiente mis comentarios sobre las reparaciones y sobre la capacidad de Alemania para hacer frente a los pagos que se le exigen.

El sistema económico alemán, tal como existía antes de la guerra, dependía de tres factores principales:

1. El comercio marítimo, representado por su marina mercante, sus colonias, sus inversiones en el extranjero, sus exportaciones y las relaciones marítimas de sus comerciantes.
2. La explotación de su carbón y de su hierro, y las industrias basadas en ellos.
3. Sus transportes y su sistema aduanero.

De estos factores, el primero era sin duda el más vulnerable, aunque no el menos importante. El Tratado aspira a la destrucción sistemática de los tres, pero especialmente de los dos primeros.

I

1. Alemania ha entregado a sus aliados todos los buques de su marina mercante que excedían de 1,600 toneladas brutas; la mitad de los buques comprendidos entre 1,000 y 1,600 toneladas, y una cuarta parte de sus barcos pesqueros de arrastre y otros botes de pesca. La cesión es extensa, e incluye no sólo los buques que enarbolan la bandera alemana, sino también todos los pertenecientes a Alemania aunque naveguen bajo otras banderas, así como los buques en construcción y los fletados. Además, Alemania se compromete, si así se le exige, a construir para los aliados buques de los tipos que éstos indiquen, hasta un total de 200,000 toneladas anuales durante cinco años, abonándose el valor de dichos buques a Alemania en su cuenta de reparaciones.

De este modo, la marina mercante alemana queda prácticamente eliminada de los mares y no podrá ser reconstruida durante muchos años hasta alcanzar unas proporciones normales para las necesidades de su propio comercio. Por el momento, no partirá de Hamburgo ninguna línea regular, salvo aquellas que las potencias extranjeras consideren conveniente explotar con su exceso de tonelaje. Alemania se verá obligada a pagar a transportistas extranjeros las tarifas que éstos decidan imponerle, y sólo obtendrá las ventajas que a ellos les interese concederle. La prosperidad de los puertos y del comercio alemanes sólo podría reanimarse, en cierta medida, si Alemania lograra ejercer una influencia efectiva sobre las marinas mercantes de Escandinavia y Holanda.

2. Alemania ha cedido a los aliados «todos sus derechos y títulos sobre sus posesiones ultramarinas». Esta cesión no se limita a la soberanía, sino que se extiende, en términos gravemente perjudiciales, a la totalidad de la propiedad gubernamental, incluidos los ferrocarriles, que será transferida sin compensación alguna. En cambio, el Gobierno alemán continúa siendo responsable de toda deuda contraída para la compra o construcción de dicha propiedad o para el desarrollo general de las colonias (arts. 120 y 257).

A diferencia de lo ocurrido en cesiones comparables de la historia reciente, se interviene aquí de forma lesiva en la propiedad y en las personas de los ciudadanos particulares alemanes. Los gobiernos aliados, al ejercer su autoridad en cualquier colonia anteriormente alemana, «podrán adoptar las disposiciones que estimen necesarias respecto a la repatriación de los ciudadanos alemanes y a las condiciones en que se permitirá o no a los súbditos alemanes de origen europeo residir, poseer bienes, comerciar o ejercer una profesión» (art. 122). Todos los contratos y concesiones otorgados a súbditos alemanes para la construcción o explotación de obras públicas pasan a los gobiernos aliados como parte del pago de las reparaciones.

40

Sin embargo, estas condiciones resultan secundarias frente a otra disposición de alcance mucho mayor, según la cual «las Potencias aliadas y asociadas se reservan el derecho de retener y liquidar toda propiedad, derechos e intereses pertenecientes, en la fecha de entrada en vigor del presente Tratado, a nacionales alemanes o a sociedades controladas por ellos», dentro de las antiguas colonias alemanas. Esta expropiación global de la propiedad privada se llevará a cabo sin que los aliados concedan compensación alguna a los particulares afectados; los productos obtenidos se destinarán, en primer lugar, a satisfacer deudas privadas debidas a súbditos aliados por súbditos alemanes, y en segundo lugar, a atender reclamaciones contra súbditos de Austria, Hungría, Bulgaria o Turquía. Cualquier saldo podrá ser pagado directamente a Alemania por la Potencia liquidadora o retenido por ella; si se retiene, deberá transferirse a la Comisión de Reparaciones para ser acreditado en la cuenta alemana (art. 297 b y párrafo 4 del anexo a la parte X, sección IV a).

En suma, no sólo se elimina la soberanía y la influencia alemanas de todas sus antiguas posesiones ultramarinas, sino que se priva a las personas y a los bienes de sus súbditos —residentes o propietarios en dichos territorios— de toda protección jurídica y de toda seguridad efectiva.

3. Las disposiciones señaladas respecto de la propiedad privada alemana en las antiguas colonias se aplican igualmente a la propiedad privada alemana en Alsacia-Lorena, salvo en la medida en que el Gobierno francés decida conceder excepciones (arts. 53 y 54). Esto reviste una importancia práctica mucho mayor que la expropiación ultramarina, debido al valor muy superior de los bienes afectados y a la estrecha vinculación, derivada del intenso desarrollo de la riqueza mineral de estas provincias desde 1871, entre los intereses económicos alemanes allí existentes y los de la propia Alemania. Alsacia-Lorena ha formado parte del Imperio alemán durante casi cincuenta años —una mayoría considerable de su población habla alemán— y ha sido sede de algunas de las empresas económicas alemanas más relevantes. Sin embargo, la propiedad de los alemanes que residen allí o que han establecido en la región sus industrias queda ahora completamente a disposición del Gobierno francés, sin compensación, salvo que el propio Gobierno alemán decida otorgarla.

El Gobierno francés queda facultado para expropiar, sin compensación, la propiedad privada de ciudadanos y sociedades alemanas situadas en Alsacia-Lorena, destinándose los productos obtenidos a satisfacer, en parte, diversas reclamaciones francesas. La dureza de esta disposición se atenúa únicamente en la medida en que el Gobierno francés autorice expresamente a nacionales alemanes a continuar residiendo en la región; en tal caso, la expropiación no resulta aplicable. Por otra parte, la propiedad estatal, provincial y municipal debe ser transferida a Francia sin compensación alguna, incluido el sistema ferroviario de ambas provincias con todo su material móvil. No obstante, aunque se transfiere la propiedad, las obligaciones financieras vinculadas a ella en forma de deuda pública u otros compromisos continúan siendo responsabilidad de Alemania (arts. 55 y 255, siguiendo el precedente de 1871). Las provincias retornan a la soberanía francesa libres de su parte de la deuda alemana de preguerra y de guerra, sin que Alemania reciba crédito alguno en la cuenta de reparaciones.

4. La expropiación de la propiedad privada alemana no se limita a las antiguas colonias ni a Alsacia-Lorena. El trato dispensado a dicha propiedad constituye, en realidad, una sección de gran trascendencia del Tratado, que no ha recibido toda la atención que merece, a pesar de haber provocado una oposición excepcionalmente intensa por parte de los delegados alemanes en Versalles. Hasta donde alcanza mi conocimiento, no existe precedente en los tratados de paz modernos de un tratamiento de la propiedad privada comparable al aquí establecido.

Los representantes alemanes subrayaron con insistencia que el precedente así creado infligía un golpe peligroso e inmoral a la seguridad de la propiedad privada en todo el mundo. Esta afirmación es exagerada. La distinción, aceptada por la costumbre y los convenios de los dos últimos siglos, entre la propiedad y los derechos del Estado y los de sus nacionales es en parte artificial y ha ido debilitándose rápidamente por múltiples influencias ajenas al propio Tratado, además de resultar inadecuada para las concepciones socialistas modernas sobre las relaciones entre el Estado y los ciudadanos. No obstante, es cierto que el Tratado asesta un golpe serio al sistema basado en el llamado Derecho internacional tal como se había entendido hasta entonces.

Las principales disposiciones relativas a la expropiación de la propiedad privada alemana situada fuera de las nuevas fronteras de Alemania son en parte redundantes, de modo que algunas hacen innecesarias a otras. En términos generales, las disposiciones más amplias y decisivas están redactadas con menor precisión que aquellas de alcance más limitado. Entre ellas destacan las siguientes:

a) Los aliados «se reservan el derecho de retener y liquidar toda propiedad, derechos e intereses pertenecientes a nacionales alemanes o a sociedades controladas por ellos, en la fecha de entrada en vigor del presente Tratado, dentro de sus territorios, colonias, posesiones y protectorados, incluidos los territorios que se les cedan en virtud de este» (art. 297 b).

Esta disposición amplía el principio ya examinado en el caso de las colonias y de Alsacia-Lorena. El valor de los bienes expropiados se aplicará, en primer lugar, a la satisfacción de las deudas privadas de Alemania con nacionales de las Potencias aliadas dentro de cuya jurisdicción se efectúe la liquidación y, en segundo término, a la satisfacción de reclamaciones derivadas de actos de los aliados de Alemania. Todo saldo que el gobierno liquidador decida retener deberá acreditarse en la cuenta de reparaciones (parte X, secciones III a y IV a, y art. 243). Es, sin embargo, un punto de notable importancia que dicho gobierno no esté obligado a transferir el saldo a la Comisión de Reparaciones, pudiendo, si así lo decide, devolver directamente el producto a Alemania. Esto podría permitir a los Estados Unidos, si lo estiman oportuno, emplear los importantes saldos en poder de los administradores de bienes enemigos para financiar el aprovisionamiento de Alemania, sin atender a los fines de la Comisión de Reparaciones.

Estas disposiciones tienen su origen en el proyecto de establecer una compensación recíproca de las deudas del enemigo mediante una cámara de compensación. Con esta propuesta se pretendía evitar múltiples conflictos y litigios, haciendo responsable a cada gobierno beligerante de la recaudación de las deudas privadas de sus nacionales frente a nacionales de otros Estados —cuyo cobro normal había quedado suspendido por la guerra— y de la distribución de los fondos obtenidos entre aquellos de sus ciudadanos que tuvieran reclamaciones contra extranjeros, liquidándose cualquier saldo final en efectivo.

Tal sistema habría sido plenamente bilateral y recíproco. En parte lo es, pues el proyecto mantiene la reciprocidad principalmente en lo relativo a la recaudación de deudas comerciales. Sin embargo, la magnitud de su victoria permitió a los gobiernos aliados introducir numerosas asimetrías en su propio beneficio, entre las cuales destacan las siguientes: mientras que la propiedad de los nacionales aliados situada bajo jurisdicción alemana retorna a sus propietarios con la conclusión de la paz, la propiedad alemana bajo jurisdicción aliada será retenida y administrada conforme a lo ya descrito, con el resultado de que prácticamente toda la propiedad alemana existente en gran parte del mundo puede ser expropiada. Las grandes fortunas actualmente bajo la custodia de administradores públicos y organismos similares en los países aliados pueden así ser retenidas de manera permanente. En segundo lugar, dichos bienes alemanes responderán no sólo por las obligaciones de Alemania, sino también, en la medida en que alcancen, por el pago de las reclamaciones formuladas por nacionales de las Potencias aliadas, en relación con su propiedad, derechos e intereses en el territorio de otras potencias enemigas», como, por ejemplo, Turquía, Bulgaria y Austria. Ésta es una disposición singular, que, naturalmente, no es recíproca. En tercer lugar, todo saldo final debido a Alemania en cuenta privada no tiene por qué pagarse necesariamente, sino que puede aplicarse a cualquiera de las diversas responsabilidades del Gobierno alemán. La aplicación efectiva de estos artículos queda garantizada por la expedición de actas, títulos e informes. En cuarto lugar, los contratos anteriores a la guerra entre nacionales aliados y alemanes pueden ser anulados o reanudados a voluntad de los primeros; de este modo, todos los contratos favorables a Alemania serán cancelados, mientras que, en cambio, se la obligará a cumplir todos aquellos que le resulten perjudiciales.

b) Hasta aquí nos hemos referido a la propiedad alemana dentro de la jurisdicción aliada. La disposición siguiente se propone la eliminación de los intereses alemanes en el territorio de sus vecinos y antiguos aliados, así como de algunos otros países. En virtud del art. 260 de las cláusulas financieras, se establece que la Comisión de Reparaciones puede, dentro del año siguiente a la entrada en vigor del Tratado, exigir que el Gobierno alemán expropie a sus nacionales y entregue a la Comisión de Reparaciones todos los derechos e intereses de nacionales alemanes en cualquier empresa de utilidad pública o concesión en Rusia, China, Turquía, Austria, Hungría y Bulgaria, o en las posesiones o dependencias de estos Estados, o en cualquier territorio que antes perteneciera a Alemania o a sus aliados y que haya de ser cedido por Alemania o por éstos a cualquier Potencia, o administrado por un mandatario conforme al presente Tratado.

Se trata de una enumeración amplísima, en parte redundante respecto de las disposiciones señaladas en el apartado a), pero que incluye —conviene subrayarlo— a los nuevos Estados y territorios formados a partir de los antiguos Imperios ruso, austrohúngaro y turco. De este modo se elimina la influencia alemana y se confisca el capital en todos aquellos países vecinos hacia los que Alemania podría orientarse de manera natural para su sustento futuro y en los que habría podido encontrar salida para su producción, sus empresas y su capacidad técnica.

La ejecución de este programa, en sus detalles, impondrá a la Comisión de Reparaciones una tarea extraordinaria, pues tendrá bajo su control un gran número de derechos e intereses repartidos sobre un vasto territorio de soberanía incierta, desorganizado por la guerra, las perturbaciones internas y el bolchevismo. La distribución de los despojos entre los vencedores exigirá asimismo la creación de una gran oficina, cuyas puertas serán asediadas por aventureros rapaces y ambiciosos cazadores de concesiones procedentes de veinte o treinta naciones.

Para evitar que la Comisión de Reparaciones deje de ejercer plenamente sus derechos por desconocimiento, se dispone más adelante que el Gobierno alemán deberá comunicarle, dentro de los seis meses siguientes a la entrada en vigor del Tratado, una lista completa de todos los derechos e intereses en cuestión, «ya estén concedidos, sean contingentes o no hayan sido aún ejercitados»; y todos aquellos que no sean declarados dentro de este plazo caducarán automáticamente en favor de los gobiernos aliados (art. 260). No está del todo claro hasta qué punto puede imponerse un mandato de este tipo a un súbdito alemán cuya persona y propiedad se encuentren fuera de la jurisdicción de su propio Estado; pero todos los países enumerados en la lista anterior se hallan sometidos, de una u otra forma, a la presión de las autoridades aliadas, ya sea por una cláusula específica del Tratado o por otros medios.

c) Resta una tercera disposición aún más drástica que las anteriores, ninguna de las cuales afecta a los intereses alemanes situados en países neutrales. Desde el 1.º de mayo de 1921, la Comisión de Reparaciones queda autorizada para exigir el pago de mil millones de libras en la forma que ella misma determine, «ya sea en oro, mercancías, buques, valores u otros medios» (art. 235). Esta disposición equivale a conferir a la Comisión de Reparaciones, durante el período señalado, poderes casi dictatoriales sobre toda la propiedad alemana, cualquiera que sea su naturaleza. Conforme a este artículo, la Comisión puede designar cualquier negocio, empresa o bien —dentro o fuera de Alemania— y exigir su entrega; su autoridad se extiende no sólo a la propiedad existente en la fecha de la Paz, sino también a toda aquella que pueda ser creada o adquirida en cualquier momento durante los primeros dieciocho meses posteriores. Así, por ejemplo, podría seleccionar —como es razonable suponer que hará una vez organizada— la poderosa empresa alemana de Sudamérica conocida como la Deutsche Ueberseeische Elektrizitätsgesellschaft[2] (D.U.E.G.) y disponer de ella en beneficio de los intereses aliados. La cláusula es inequívoca y lo abarca todo.

Conviene señalar, de paso, que esta disposición introduce un principio enteramente nuevo en materia de indemnizaciones. Hasta entonces se fijaba una suma global y la nación sancionada conservaba libertad para elegir los medios de pago; en este caso, en cambio, los acreedores pueden, durante un período determinado, no sólo exigir una cantidad concreta, sino también especificar el tipo de propiedad con el que debe efectuarse el pago. De este modo, los poderes de la Comisión de Reparaciones —a los que me referiré con mayor detenimiento en el capítulo siguiente— pueden emplearse tanto para desmantelar la organización económica y comercial de Alemania como para exigir pagos.

El efecto conjunto de las disposiciones a), b) y c) —junto con el de otras cláusulas de menor entidad que no he considerado necesario

---

[2] Sociedad Eléctrica de Ultramar [Nota del editor]

detallar— es privar a Alemania, o más bien conceder a los aliados la facultad de privarla a su arbitrio (aunque aún no se haya consumado plenamente), de todo cuanto posea fuera de las fronteras que le han sido asignadas en el Tratado. No sólo se confiscan sus inversiones ultramarinas y se destruyen sus vínculos económicos, sino que el mismo proceso de extirpación se aplica a los territorios de sus antiguos aliados y de sus vecinos inmediatos por tierra.

5. Ante la eventualidad de que las disposiciones anteriores no cubran todas las contingencias, el Tratado incluye otros artículos que, si bien probablemente no añaden mucho al efecto práctico de los ya descritos, merecen una breve mención, pues ponen de relieve el espíritu mezquino con que las Potencias vencedoras han intervenido en la sumisión económica del enemigo derrotado. En primer lugar, figura una cláusula general de borrado y renuncia:

«En los territorios situados fuera de sus fronteras europeas, tal como quedan fijadas en el presente Tratado, Alemania renuncia a todos sus derechos, títulos y privilegios, de cualquier naturaleza, sobre territorios que le pertenecieran a ella o a sus aliados, así como a todos los derechos, títulos y privilegios, cualquiera que fuese su origen, que pudiera invocar frente a las Potencias aliadas y asociadas…» (art. 118).

Siguen luego disposiciones más específicas. Alemania renuncia a todos los derechos y privilegios que hubiera adquirido en China (arts. 129 y 132). Se establecen cláusulas análogas respecto de Siam (arts. 135 y 137), Liberia (arts. 135 y 140), Marruecos y Egipto. En el caso de Egipto, Alemania no sólo renuncia a privilegios especiales, sino que, conforme al art. 150, se suprimen también los derechos comunes, otorgándose al Gobierno egipcio plena libertad para regular el estatuto de los nacionales alemanes y las condiciones bajo las cuales podrán establecerse en el país.

Por el art. 158, Alemania renuncia a su derecho a toda participación en cualquier organización económica o financiera de carácter internacional que opere en cualquiera de los Estados aliados o asociados, o en Austria, Hungría, Bulgaria o Turquía, o en las dependencias de estos Estados, o en el antiguo Imperio ruso.

En términos generales, sólo permanecen en vigor aquellos tratados y convenios anteriores a la guerra cuya continuidad conviene a los aliados, mientras que todos los que resulten favorables a Alemania pueden ser anulados (art. 279).

Es evidente, sin embargo, que ninguna de estas disposiciones tiene una importancia real comparable a la de las examinadas anteriormente. Representan el complemento lógico de la exclusión jurídica de Alemania y de su sometimiento a la conveniencia de los aliados; pero no añaden nada sustancial a su estado de impotencia.

II

Las disposiciones relativas al carbón y al hierro son más trascendentes por sus efectos finales sobre la economía industrial interna alemana que por el valor monetario inmediato que suponen. El Imperio alemán se ha edificado, en realidad, más con carbón y hierro que con sangre y acero. El desarrollo de las industrias del acero, químicas y eléctricas, que convirtieron a Alemania en la primera nación industrial de la Europa continental, sólo fue posible gracias a la eficiente explotación de los grandes campos carboníferos del Ruhr, de la Alta Silesia y del Sarre.

Una tercera parte de la población alemana vive en ciudades de más de 20,000 habitantes, concentración industrial que sólo es posible sobre una base sólida de carbón y hierro. Así pues, al atacar sus fuentes de carbón, los políticos franceses no equivocaban su objetivo. Sólo la desmedida falta de moderación y la inviabilidad técnica efectiva de las exigencias del Tratado son las que pueden atenuar la situación a largo plazo.

I. El Tratado afecta al aprovisionamiento de carbón de Alemania de cuatro maneras:

1.º Como compensación por la destrucción de las minas de carbón del norte de Francia, y como parte del pago total de las reparaciones debidas por Alemania por los daños causados por la guerra, Alemania cede a Francia, en plena y absoluta propiedad, con derechos exclusivos de explotación, libres de toda clase de deudas y cargas, las minas de carbón situadas en la cuenca del Sarre (art. 45). Aunque la administración de este distrito se confía por quince años a la Sociedad de Naciones, debe señalarse que las minas se transfieren íntegramente a Francia. Al término de esos quince años, la población del distrito será llamada a pronunciarse mediante plebiscito sobre su futura soberanía, y, en el caso de que opte por la unión con Alemania, se autoriza a ésta a recomprar las minas por un precio pagadero en oro (parte IV, sección 4.a, anexo, capítulo 3.º).

El mundo ha juzgado ya la operación del Sarre como un acto de despojo y de engaño. Todo lo relativo a la compensación por la destrucción de las minas de carbón francesas está previsto —como veremos enseguida— en otra parte del Tratado. «No existe región industrial en Alemania —han afirmado los representantes alemanes, sin oposición— cuya población sea tan estable, tan homogénea y tan poco mezclada como la del distrito del Sarre». Entre más de 650,000 habitantes en 1918, había menos de 100 franceses. El Sarre ha sido alemán durante más de mil años. Las ocupaciones temporales por parte de Francia, derivadas de operaciones militares, terminaron siempre en breve plazo, restituyéndose el territorio al firmarse la Paz. En un período de mil cuarenta y ocho años, Francia poseyó esta comarca durante menos de 68 años en total. Cuando, con ocasión del primer Tratado de París de 1814, una pequeña parte del territorio hoy disputado fue retenida por Francia, la población protestó enérgicamente y reclamó «la unión con su patria alemana», a la que se sentían «ligados por la lengua, las costumbres y la religión». Tras una ocupación de apenas 1 año y cuarto, esta demanda fue atendida en el segundo Tratado de París de 1815. Desde entonces, la región ha permanecido sin interrupción unida a Alemania y debe su desarrollo económico a dicha unión.

Francia necesitaba carbón para explotar los yacimientos de hierro de Lorena y, actuando con el mismo espíritu que Bismarck, se apoderó de él. Ni los precedentes históricos ni las propias declaraciones aliadas permiten justificar esta medida.

2.º La Alta Silesia, región sin grandes centros urbanos pero que alberga uno de los mayores campos carboníferos de Alemania, con una producción cercana al 23 % del total nacional, debe someterse a plebiscito con vistas a su posible cesión a Polonia. La Alta Silesia no formó nunca parte de Polonia en la Historia; su población es una mezcla de polacos, alemanes y checoslovacos en proporciones discutidas. Desde el punto de vista económico es profundamente alemana: las industrias del este del país dependen de su carbón, y su pérdida supondría un golpe letal para la estructura económica del Estado alemán.

Con la pérdida de los campos mineros de la Alta Silesia y del Sarre, el aprovisionamiento alemán de carbón se reduce, como mínimo, en un tercio.

3.º Del carbón que le resta, Alemania está obligada a compensar cada año la pérdida calculada para Francia por la destrucción y los daños de guerra sufridos en las cuencas carboníferas de sus provincias del norte. En el párrafo segundo del anexo quinto al capítulo de las reparaciones, Alemania se compromete a entregar a Francia anualmente, durante un período máximo de 10 años, una cantidad de carbón equivalente a la diferencia entre la producción anual anterior a la guerra de las minas del Norte y del Pas-de-Calais, destruidas como consecuencia del conflicto, y la producción de esas mismas minas en el año correspondiente; sin que dichas entregas excedan de 20,000,000 de toneladas en ninguno de los primeros 5 años, ni de 8,000,000 de toneladas en ninguno de los 5 siguientes. Esta disposición sería razonable si se aplicara de forma aislada, y Alemania podría cumplirla si dispusiera de otros recursos suficientes para hacerlo.

4.º La última disposición relativa al carbón forma parte del plan general del capítulo de reparaciones, según el cual las sumas adeudadas deben satisfacerse en parte en especie y no únicamente en dinero. Como parte del pago por reparaciones, Alemania debe realizar las siguientes entregas de carbón, o su equivalente en coque:

1. A Francia, 7,000,000 de toneladas anuales durante 10 años.
2. A Bélgica, 8,000,000 de toneladas anuales durante 10 años.
3. A Italia, una cantidad anual creciente, desde 4,500,000 de toneladas en 1919–1920 hasta 8,500,000 de toneladas en cada uno de los seis años comprendidos entre 1923–1924 y 1928–1929.
4. A Luxemburgo, si así lo solicita, una cantidad de carbón equivalente a su consumo anual de carbón alemán antes de la guerra.

En conjunto, estas obligaciones representan una media anual de unas 25,000,000 de toneladas.

Estas cifras deben analizarse en relación con la producción previsible de Alemania. El máximo anterior a la guerra se alcanzó en 1913, con una producción total de 191,500,000 toneladas. De ellas, 19,000,000 se consumían en las propias minas y, como promedio neto (exportaciones menos importaciones), se exportaban 33,500,000 toneladas, quedando 139,000,000 para el consumo interno. Este total se distribuía del siguiente modo:

Ferrocarriles	18,000,000
Gas, agua y electricidad	12,500,000
Consumo marítimo	6,500,000
Combustible doméstico, pequeña industria y agricultura	24,000,000
Industria	78,000,000
Total	**139,000,000**

La disminución de la producción debida a la pérdida de territorio asciende a:

Alsacia-Lorena	3,800,000
Cuenca del Sarre	13,200,000
Alta Silesia	43,800,000
Total	**60,800,000**

Partiendo de la producción del año 1913, quedan, por tanto, 130,700,000 toneladas, es decir, deduciendo el consumo de las propias minas, 118,000,000. Durante algunos años habrán de exportarse de esta producción 20,000,000 de toneladas a Francia, como compensación por el daño causado en las minas francesas, y 25,000,000 de toneladas a Francia, Bélgica, Italia y Luxemburgo; como la cifra anterior es un máximo, y la última será apenas inferior en los primeros años, podemos estimar la exportación total a los países aliados, que Alemania se ha comprometido a proporcionar, en 40,000,000 de toneladas, dejando, sobre esta base, 78,000,000 de toneladas para su propio uso, frente a un consumo de preguerra de 139,000,000 de toneladas.

Sin embargo, esta comparación exige una corrección sustancial para resultar precisa. Por un lado, es evidente que las cifras de producción de preguerra no pueden tomarse como referencia directa para la producción actual. En 1918, la producción fue de 161,500,000 toneladas, mientras que en 1913 alcanzó 191,500,000 toneladas, y durante la primera mitad de 1919 fue inferior a 50,000,000, excluyendo Alsacia-Lorena y el Sarre, pero incluyendo la Alta Silesia, lo que equivale a una producción anual aproximada de 100,000,000 de toneladas. Las causas de una producción tan reducida fueron en parte temporales y excepcionales; pero las autoridades alemanas afirman —y no han sido desmentidas— que algunas de ellas persistirán durante cierto tiempo.

Son, en parte, las mismas que se observan en otros países: la jornada diaria se ha fijado en ocho horas y media o incluso siete, y no es probable que los gobiernos de las Potencias centrales logren restablecerla a su nivel anterior. Además, las minas se encuentran en deficientes condiciones debido a la falta de ciertos materiales esenciales durante el bloqueo; la capacidad física de los trabajadores ha disminuido considerablemente por la mala nutrición —la cual no podría remediarse si se atendiera siquiera una décima parte de las exigencias de reparación—, y las pérdidas humanas de la guerra han reducido el número de mineros aptos.

La analogía con las condiciones inglesas basta por sí sola para demostrar que no puede esperarse que Alemania recupere el nivel de producción de preguerra. Las autoridades alemanas calculan la reducción de la producción en un 30 %, distribuida aproximadamente por igual entre la reducción de la jornada laboral y otras influencias económicas. Esta estimación parece, en términos generales, razonable, aunque no dispongo de datos suficientes para confirmarla o refutarla.

La cifra neta de preguerra de 118,000,000 de toneladas —es decir, tras descontar la pérdida de territorio y el consumo de las minas— probablemente descenderá a menos de 100,000,000 de toneladas, teniendo en cuenta los factores mencionados. Si 40,000,000 de estas toneladas deben exportarse a los aliados, quedarían 60,000,000 para el consumo interno alemán. La demanda, al igual que la oferta, se reducirá por la pérdida territorial, y aun en el cálculo más exagerado esta reducción no puede estimarse en más de 29,000,000 de toneladas. Nuestros cálculos hipotéticos, basados en los niveles de consumo de preguerra de los ferrocarriles y la industria, arrojan una necesidad interna de 110,000,000 de toneladas, frente a una producción que difícilmente superará los 100,000,000, de los cuales 40,000,000 están comprometidos con los aliados.

La importancia del problema me ha llevado a un análisis estadístico algo pesado. Es evidente que no puede atribuirse un valor absoluto a las cifras exactas aquí presentadas, que son aproximadas y discutibles. Pero el carácter general de los hechos se impone con claridad. Como consecuencia de la pérdida territorial y de la reducción de la producción, Alemania no podrá exportar carbón en el futuro inmediato —y probablemente tendrá que recurrir incluso a sus derechos, reconocidos en el Tratado, para adquirirlo en la Alta Silesia— si desea seguir siendo una nación industrial. Cada millón de toneladas exportado implicará, inevitablemente, el cierre de alguna industria.

Con las consecuencias que examinaremos más adelante, esto puede tolerarse dentro de ciertos límites. Pero resulta evidente que Alemania no puede —ni podrá— suministrar a los aliados una contribución anual de 40,000,000 de toneladas. Los ministros aliados, que han asegurado a sus pueblos que sí es posible, los han engañado deliberadamente, con el propósito de acallar temporalmente las inquietudes de la opinión pública europea respecto al rumbo que se está tomando.

La inclusión de estas disposiciones ilusorias, entre otras, en las cláusulas del Tratado de Paz encierra un peligro especial para el porvenir. Las exageradas expectativas sobre las reparaciones, con las que los ministros de Hacienda han tranquilizado a sus electores, desaparecerán una vez que hayan cumplido su función inmediata de retrasar impuestos y ajustes. Pero no ocurrirá lo mismo con las cláusulas relativas al carbón, ya que será vital para Francia e Italia hacer todo lo posible por exigir su cumplimiento.

Como resultado de la disminución de la producción francesa causada por la destrucción alemana, del agotamiento de las minas británicas y de otras regiones, así como de múltiples factores secundarios —el colapso del transporte, la desorganización administrativa y la ineficacia de los nuevos gobiernos—, el problema del carbón en toda Europa es casi desesperado; y Francia e Italia, compitiendo por los derechos que les concede el Tratado, no renunciarán fácilmente a ellos.

Como suele ocurrir en los dilemas reales, las reclamaciones francesa e italiana poseen una fuerza considerable, incluso desde una perspectiva legítima. La situación puede presentarse, con razón, como un conflicto entre la industria alemana, por un lado, y la francesa e italiana, por otro. Puede admitirse que la entrega de carbón destruiría la industria alemana; pero también es cierto que, sin esas entregas, las industrias francesa e italiana podrían colapsar. En tal caso, ¿no deberían los vencedores hacer valer sus derechos, especialmente cuando buena parte del daño procede de los actos de quienes hoy son los vencidos?

Sin embargo, si estos argumentos prevalecen sobre las advertencias de la razón, la reacción económica y social en la Europa central será demasiado intensa para quedar confinada a sus fronteras.

Y aún no termina aquí el problema. Si Francia e Italia cubren sus déficits de carbón con la producción alemana, Europa del Norte, Suiza y Austria —que antes obtenían gran parte de su carbón del excedente alemán— quedarán privadas de ese recurso. Antes de la guerra, Austria-Hungría recibía 13,600,000 toneladas de carbón alemán. Dado que casi todos los yacimientos del antiguo Imperio están hoy fuera de lo que queda de Austria alemana, su ruina industrial será total si no puede obtener carbón de Alemania.

El caso de los vecinos neutrales de Alemania, antes abastecidos parcialmente por Gran Bretaña pero en gran medida por Alemania, no será menos grave. Estos países tenderán a suministrar a Alemania materias primas esenciales, a condición de recibir carbón a cambio. De hecho, ya lo están haciendo. Con el derrumbe del sistema monetario, el trueque internacional se ha convertido en la práctica dominante. En la Europa central y sudoriental, la moneda ha dejado de ser una medida fiable de valor y rara vez permite adquirir bienes, de modo que los intercambios se realizan mediante compromisos recíprocos de suministro.

Este sistema resulta extraordinariamente complejo en comparación con la simplicidad casi perfecta del comercio internacional anterior, pero, dadas las condiciones actuales, no deja de ofrecer ventajas para estimular la producción. Las jornadas del Ruhr pagadas en manteca muestran hasta qué punto la Europa moderna ha retrocedido hacia formas primitivas de intercambio y constituyen un ejemplo gráfico del colapso de la organización económica basada en la libre circulación y el comercio. Sin embargo, estos métodos pueden lograr producir carbón allí donde otros fracasan.

Si Alemania logra obtener carbón para sus vecinos neutrales, Francia e Italia podrán alegar que entonces también puede cumplir con sus obligaciones del Tratado. Este argumento tendrá una apariencia considerable de justicia, y será difícil contrarrestarlo con el hecho de que, mientras los obreros alemanes trabajen por manteca, no habrá incentivo para extraer carbón destinado a un pago que no les aporta ningún beneficio directo; y que, sin carbón para exportar a sus vecinos, Alemania no podrá asegurar las importaciones esenciales para su supervivencia económica.

Si la distribución del carbón europeo se convierte en una competencia en la que Francia sea satisfecha primero, Italia después y cada país busque su propio interés, el futuro industrial de Europa será sombrío, con serias probabilidades de agitación social. En este caso, los intereses particulares —aunque emocional o jurídicamente fundados— deberán ceder ante el interés común.

Si es aproximadamente correcta la estimación de Mr. Hoover, según la cual la producción de carbón europea ha disminuido en un tercio, nos encontramos ante una situación que exige una distribución imparcial, basada en las necesidades reales, y un esfuerzo máximo por aumentar la producción y mejorar los sistemas de transporte.

La creación, en agosto de 1919, por el Consejo Supremo de los Aliados, de una Comisión Europea del Carbón, integrada por representantes de Gran Bretaña, Francia, Italia, Bélgica, Polonia y Checoslovaquia, fue una medida prudente que, aplicada de forma amplia y eficaz, podría resultar de gran utilidad. Pero dejo los proyectos constructivos para el capítulo siguiente. Aquí me limitaré a examinar las consecuencias, *per impossibile*, de aplicar el *Tratado al pie de la letra*.

II. Las disposiciones relativas al mineral de hierro exigen menor atención, aunque su efecto sea profundamente destructivo. Requieren menos atención porque, en gran parte, son inevitables. Casi exactamente el 65 % del mineral de hierro extraído de Alemania en 1913 procedía de Alsacia-Lorena. En ello residía la principal importancia de las provincias incorporadas.

No cabe duda de que Alemania pierde estos yacimientos de hierro. La única cuestión es determinar hasta qué punto se le concederán facilidades para adquirir su producción. La Delegación alemana realizó grandes esfuerzos para asegurar la inclusión de una disposición en virtud de la cual el carbón y el coque que debían proporcionar a Francia se entregaran a cambio de minette de Lorena; pero no obtuvo tal estipulación, y el asunto quedó al arbitrio de Francia.

Los factores que orientarán la política futura de Francia no son enteramente coherentes. Mientras Lorena aportaba el 75 % del mineral de hierro de Alemania, sólo el 25 % de los altos hornos se encontraban dentro de Lorena y en la cuenca del Sarre, enviándose a Alemania una parte considerable del hierro producido. Aproximadamente la misma proporción de las fundiciones de hierro y acero alemanas, es decir, un 25 %, estaban situadas en Alsacia-Lorena. Por tanto, en el corto plazo, el procedimiento más económico y ventajoso sería exportar a Alemania, como hasta entonces, una parte sustancial de la producción de las minas.

Por otro lado, al haber recuperado Francia los depósitos de Lorena, puede aspirar a reemplazar, en la medida de lo posible, las industrias que Alemania había desarrollado sobre ellos por industrias ubicadas dentro de sus propias fronteras. Sin embargo, deberá transcurrir mucho tiempo antes de que las instalaciones y la mano de obra especializada puedan desarrollarse en Francia, y aun así será difícil trabajar el mineral de hierro si no se dispone de carbón procedente de Alemania. La incertidumbre, además, respecto a la suerte definitiva del Sarre, perturbará los cálculos de los capitalistas que aspiren al establecimiento de nuevas industrias en Francia.

En realidad, aquí como en otros ámbitos, las consideraciones políticas se interponen de manera perjudicial en lo económico. En un régimen de libre comercio y de relaciones económicas abiertas, tendría pocas consecuencias que el hierro estuviera a un lado de una frontera política y el trabajo, el carbón y los altos hornos al otro. Pero, tal como están las cosas, los hombres han creado medios para empobrecerse a sí mismos y a los demás, y prefieren los odios colectivos a la felicidad individual. Resulta probable, a la luz de las pasiones actuales y de los impulsos de la sociedad capitalista europea, que la producción efectiva de hierro del continente disminuya a causa de una nueva frontera política —que el sentimiento y la justicia histórica reclaman—, porque el nacionalismo y el interés privado impondrán también una nueva frontera económica siguiendo las mismas líneas. Estas consideraciones impiden, en la situación política actual de Europa, atender a la urgente necesidad del continente de una producción más constante y eficiente, indispensable para reparar las destrucciones de la guerra y para satisfacer las crecientes exigencias de una mejor retribución del trabajo.

Las mismas influencias se manifestarán, aunque en menor escala, con la transferencia de la Alta Silesia a Polonia. Aunque en la Alta Silesia existe poco hierro, la presencia de carbón ha favorecido el establecimiento de numerosos altos hornos. ¿Cuál será su destino? Si se priva a Alemania de sus suministros de hierro del Occidente, ¿exportará hacia el Este alguna parte del escaso hierro que le reste? La eficiencia y la producción de la industria parecen destinadas a disminuir.

Así, el Tratado lesiona la organización y, al destruirla, reduce aún más la riqueza, ya menguada, de toda la comunidad. Las fronteras económicas que se establecerán entre el hierro y el carbón, sobre los que se sustenta el industrialismo moderno, no sólo reducirán la producción de bienes útiles, sino que probablemente desperdiciarán una enorme cantidad de trabajo humano al obligar a transportar hierro o carbón, según el caso, a distancias innecesarias, para satisfacer los dictados de un Tratado político y por haber levantado obstáculos a la adecuada localización de la industria.

III

Quedan las disposiciones del Tratado que se refieren a los sistemas de transporte y de aduanas de Alemania. Estas partes del Tratado no tienen la importancia ni la significación de las ya analizadas. Son hostigamientos, intervenciones y humillaciones, no tan reprochables por sus consecuencias prácticas como vergonzosas para los aliados, teniendo en cuenta sus compromisos. Considere el lector lo que sigue a la luz de las seguridades ya señaladas, confiando en las cuales Alemania depuso sus armas.

1.º Las diversas cláusulas económicas empiezan con una serie de disposiciones que estarían de acuerdo con el espíritu del tercer punto de los Catorce puntos, si fueran recíprocas. Tanto para las importaciones como para las exportaciones, y en lo que se refiere a tarifas aduaneras, regulaciones y prohibiciones, Alemania se obliga durante cinco años a otorgar el trato de nación más favorecida a los Estados aliados y asociados. Pero ella no está autorizada a recibir el mismo trato.

Durante cinco años, Alsacia y Lorena podrán exportar libremente a Alemania, sin pago de derechos de aduana, hasta la suma media enviada anualmente a Alemania entre 1911 y 1913. Pero no existe una disposición equivalente para las exportaciones de Alemania a Alsacia-Lorena.

Durante tres años, las exportaciones polacas a Alemania, y durante cinco las exportaciones de Luxemburgo a Alemania gozarán también de un privilegio semejante; pero no así las exportaciones alemanas a Polonia o a Luxemburgo. Luxemburgo, además, que durante muchos años disfrutó de los beneficios de su inclusión dentro de la Unión Aduanera alemana, queda desde ahora excluido definitivamente de ella.

Durante seis meses después de la entrada en vigor del Tratado, Alemania no puede imponer a las importaciones de los Estados aliados y asociados derechos superiores a los más favorables vigentes antes de la guerra, y durante dos años y medio más —tres años en total— esta prohibición continuará aplicándose a ciertas mercancías, especialmente a algunas de aquellas para las que existían convenios especiales antes de la guerra, así como al vino, aceites vegetales, seda artificial y lana lavada o desengrasada. Se trata de una disposición absurda y perjudicial, mediante la cual se impide a Alemania adoptar las medidas necesarias para dedicar sus recursos limitados a la adquisición de bienes esenciales y al cumplimiento de las reparaciones.

Como resultado de la actual distribución de la riqueza en Alemania, y de la imprudencia individual generada por la incertidumbre, el país se ve amenazado por una avalancha de artículos de lujo y semi lujo procedentes del extranjero, de los que ha estado privado durante años, y que agotará o reducirá sus ya escasos recursos para el intercambio exterior. Estas disposiciones debilitan la autoridad del Gobierno alemán para imponer economías en tales gastos o elevar los impuestos en un momento crítico. ¡Qué ejemplo de avaricia irreflexiva, que se supera a sí misma al introducir, después de despojar a Alemania de su riqueza líquida y exigirle pagos imposibles, una norma específica que la obliga a permitir, como en los días de prosperidad, la importación de champagne y seda!

Otro artículo relativo al régimen aduanero alemán, si llegara a aplicarse, tendría consecuencias graves y extensas. Los aliados se han reservado el derecho de aplicar un régimen aduanero especial al territorio ocupado en la orilla izquierda del Rin, "en previsión de que tal medida sea, a su juicio, necesaria para salvaguardar los intereses económicos de la población de esos territorios". Esta disposición se introdujo, probablemente, como un complemento útil a la política francesa de intentar separar las provincias de la orilla izquierda de Alemania durante los años de ocupación. Aún no se ha abandonado el proyecto de establecer una república independiente, bajo auspicios clericales franceses, que sirviera como Estado tapón y realizara la ambición francesa de desplazar a Alemania más allá del Rin. Algunos creen que podría lograrse mediante un régimen de amenazas, corrupción y halagos, practicado durante más de quince años. Si este artículo se llevara a efecto y el sistema económico de la orilla izquierda del Rin quedara realmente separado del resto de Alemania, el impacto sería considerable. Pero los proyectos de los diplomáticos no siempre se cumplen, y debemos confiar en el porvenir.

2.º Las cláusulas relativas a los ferrocarriles, tal como fueron presentadas originalmente a Alemania, fueron sustancialmente modificadas en la versión final del Tratado y se limitan ahora a una disposición según la cual las mercancías procedentes de territorio aliado con destino a Alemania, o en tránsito por ella, recibirán el trato más favorecido en cuanto a tarifas ferroviarias, portes y condiciones análogas, en comparación con mercancías de la misma naturaleza transportadas por líneas alemanas en condiciones similares. Como disposición no recíproca, se trata de una intervención en los arreglos internos que resulta difícil de defender; pero su efecto práctico y el de una disposición semejante relativa al tráfico de pasajeros dependerán en gran medida de la interpretación de la expresión "condiciones similares de transporte".

El sistema de transportes alemán se deteriorará gravemente con las disposiciones relativas a la cesión de material móvil. Según el párrafo séptimo de las condiciones del Armisticio, Alemania debía entregar 5,000 locomotoras y 150,000 vagones en buen estado, con todos sus útiles correspondientes. Conforme al Tratado, Alemania está obligada a confirmar esta entrega y a reconocer el derecho de los aliados sobre dicho material. Además, en el caso de los sistemas ferroviarios situados en territorio cedido, debe entregar esos sistemas completos, con la totalidad de su material móvil, en un estado normal de conservación, según el último inventario previo al 11 de noviembre de 1918. Es decir, los ferrocarriles cedidos no podrán recibir material deteriorado procedente del resto de Alemania.

Esta pérdida será, sin duda, olvidada con el tiempo. Pero la falta de aceites lubricantes y el extraordinario desgaste causado por la guerra, no compensado por las reparaciones habituales, ha reducido ya el sistema ferroviario alemán a un estado sumamente deficiente. Las demás pérdidas impuestas por el Tratado prolongarán esta situación durante un período considerable y agravan sustancialmente las dificultades del problema del carbón y, en general, de la exportación industrial.

3.° Quedan, por último, las cláusulas relativas al sistema fluvial alemán. Son, en gran parte, innecesarias y tan poco relacionadas con los supuestos objetivos de los aliados, que su contenido es generalmente desconocido. No obstante, constituyen una intromisión sin precedente en los asuntos internos de un país y pueden operar de tal manera que priven a Alemania de todo control efectivo sobre su propio sistema de transportes. En su forma actual carecen de justificación; aunque algunos ajustes sencillos podrían transformarlas en un instrumento razonable.

Muchos de los ríos principales de Alemania tienen su origen o su desembocadura fuera de su territorio. El Rin nace en Suiza, actúa en parte como río fronterizo y desemboca en el mar en Holanda; el Danubio nace en Alemania, pero recorre principalmente territorios extranjeros; el Elba nace en las montañas de Bohemia, hoy Checoslovaquia; el Oder atraviesa la Baja Silesia; y el Niemen delimita actualmente la frontera de Prusia oriental y nace en Rusia. De estos ríos, el Rin y el Niemen son fronterizos; el Elba es alemán en su tramo inicial, pero reviste gran importancia para Bohemia; el Danubio, en su tramo alemán, tiene escasa relación con otros países; y el Oder es prácticamente un río alemán, salvo que el resultado del plebiscito separe toda la Alta Silesia.

Los ríos que, según la letra del Tratado, «otorgan a más de un Estado acceso al mar», requieren efectivamente alguna medida de regularización internacional y garantías adecuadas contra las desigualdades. Este principio ha sido tradicionalmente reconocido en las Comisiones internacionales que han regulado el Rin y el Danubio. Pero en tales Comisiones, los Estados interesados estaban representados, aproximadamente, en proporción a sus intereses. El Tratado, sin embargo, ha utilizado el carácter internacional de estos ríos como pretexto para excluir a Alemania de la intervención en su propio sistema fluvial.

Después de ciertos artículos en los cuales se prevé adecuadamente contra la desigualdad y las trabas a la libertad de tránsito, el Tratado procede a otorgar la administración del Elba, el Oder, el Danubio y el Rin a Comisiones internacionales. Los poderes definitivos de estas Comisiones se determinarán mediante «un Convenio general elaborado por las Potencias aliadas y asociadas, y aprobado por la Sociedad de Naciones». Mientras tanto, las Comisiones formularán sus propios reglamentos y gozarán, aparentemente, de poderes de la mayor amplitud, «particularmente en lo relativo a la ejecución de obras de mantenimiento, control y mejora del sistema fluvial, régimen financiero, fijación y revisión de derechos y regulación de la navegación».

Sobre todo esto hay mucho que decir en relación con el Tratado. La libertad de tránsito es un principio que no carece de importancia en la práctica internacional y que debería establecerse en todas partes. El aspecto criticable de las Comisiones reside en su composición. En cada caso, el voto está ponderado de modo que Alemania quede en evidente minoría. En la Comisión del Elba, Alemania dispone de cuatro votos de diez; en la del Oder, de tres de nueve; en la del Rin, de cuatro de diecinueve; y en la del Danubio, que aún no ha sido definitivamente constituida, quedará notoriamente en clara minoría. Francia y Gran Bretaña cuentan con representación en el régimen de todos estos ríos; y en el Elba, por razones no aclaradas, figuran también representantes de Italia y de Bélgica.

Así, las grandes vías fluviales de Alemania quedan en manos de entidades extranjeras, dotadas de los más amplios poderes; y una parte considerable de la actividad local e interior de Hamburgo, Magdeburgo, Dresde, Stettin, Francfort, Breslau y Ulm quedará sometida a jurisdicción extranjera. Es prácticamente equivalente a que las Potencias de la Europa continental tuvieran mayoría para regir el Comité de conservación del Támesis o del puerto de Londres.

Ciertas disposiciones de menor importancia siguen líneas que, en nuestro examen del Tratado, nos resultan ya familiares. Conforme al anexo tercero del capítulo de reparaciones, Alemania debe ceder más del 20 % del tonelaje de su navegación interior. Además, está obligada a entregar una parte de su escuadrilla fluvial del Elba, del Oder, del Niemen y del Danubio, que será determinada por un árbitro americano, «teniendo en cuenta las necesidades legítimas de las partes interesadas, y en particular las del tráfico de navegación durante los cinco años anteriores a la guerra»; debiendo seleccionarse los barcos cedidos entre los construidos más recientemente. El mismo procedimiento se aplicará a los barcos alemanes y remolcadores del Rin, así como a la propiedad alemana del puerto de Rotterdam.

Allí donde el Rin discurre entre Francia y Alemania, Francia posee todos los derechos para utilizar sus aguas con fines de riego o de energía, mientras que Alemania no tendrá ninguno, y todos los puentes serán propiedad francesa en toda su extensión. Finalmente, la administración del puerto de Kehl, situado en el tramo estrictamente alemán del Rin, en la orilla oriental del río, se integrará con la de Estrasburgo y será administrada durante siete años por un francés designado por la nueva Comisión del Rin.

Resulta, pues, que las cláusulas económicas del Tratado poseen un alcance amplio, y que no se ha omitido nada que, de forma inmediata, pueda empobrecer a Alemania y dificultar su desarrollo futuro. En esta situación, Alemania se ve obligada a efectuar pagos en moneda, en una escala y bajo condiciones que examinaremos en el próximo capítulo.

59

CAPÍTULO V: REPARACIONES

I.   COMPROMISOS ADQUIRIDOS ANTES DE LAS NEGOCIACIONES DE LA PAZ

La delimitación de los daños respecto de los cuales los aliados estaban autorizados a exigir reparaciones se rige por los pasajes pertinentes de los Catorce puntos del presidente Wilson, de 8 de enero de 1918, tal como fueron modificados por los gobiernos aliados en su nota oficial, cuyo texto fue comunicado formalmente por el presidente al Gobierno alemán como base de la Paz, el 5 de noviembre de 1918. Dichos pasajes han sido reproducidos íntegramente al comienzo del capítulo IV. En síntesis: «Alemania dará compensación por todo el daño causado a la población civil de los aliados y a su propiedad por sus agresiones por tierra, por mar y por aire». El carácter restrictivo de esta fórmula queda reforzado por el pasaje del discurso del presidente ante el Congreso, del 11 de febrero de 1918 —cuyos términos forman parte expresa del Convenio con el enemigo—, en el que se declara que no habrá «contribuciones» ni «multas punitivas».

En ocasiones se ha sostenido que el preámbulo del párrafo 19 de las disposiciones del Armisticio, según el cual «toda reclamación y petición futura de los aliados y de los Estados Unidos de América quedará íntegra», invalidaba todas las condiciones precedentes y dejaba a los aliados en plena libertad para formular cualesquiera reclamaciones. Pero no puede sostenerse que esta cláusula defensiva, a la que nadie concedió entonces especial importancia, anulara el conjunto de las comunicaciones formales intercambiadas entre el presidente y el Gobierno alemán como base de los términos de la Paz en los días anteriores al Armisticio, ni que aboliera los Catorce puntos o transformara la aceptación alemana del Armisticio en una rendición incondicional en lo referente a las cláusulas financieras. No es más que una de esas expresiones habituales mediante las cuales quien redacta un documento procura resguardarse frente a la presunción de haber agotado la lista de reclamaciones. En cualquier caso, esta duda quedó resuelta por la respuesta de los aliados a las objeciones alemanas al primer proyecto del Tratado, en la que se reconoce que los términos del capítulo de reparaciones debían ajustarse a la nota del presidente del 5 de noviembre.

Aceptando, pues, que los términos de dicha nota son vinculantes, resta determinar el alcance preciso de la frase: «Todos los daños causados a la población civil de los aliados y a su propiedad por la agresión de Alemania, por tierra, por mar y por aire». Como se verá en la sección siguiente de este capítulo, pocas expresiones en la Historia han generado tanto esfuerzo interpretativo por parte de sofistas y juristas como esta afirmación aparentemente clara y terminante. Algunos no han vacilado en afirmar que implicaba la totalidad del coste de la guerra, argumentando que dicho coste debía cubrirse mediante impuestos y que todo impuesto constituye un perjuicio para la población civil. Reconocen que la fórmula es incómoda y que habría sido más sencillo declarar «todas las pérdidas y gastos de cualquier clase»; y admiten que la referencia específica al daño a personas y bienes civiles es poco afortunada. Pero, a su juicio, los errores de redacción no deberían privar a los aliados de los derechos propios de los vencedores.

Sin embargo, no sólo debe atenderse a la limitación literal de la frase y a su énfasis en los daños civiles frente a los gastos militares; también debe recordarse que el texto pretendía precisar el significado del término «restauración» utilizado en los Catorce puntos. En ellos se mencionaba el daño sufrido en territorios invadidos —Bélgica, Francia, Rumania, Servia y Montenegro, omitiéndose Italia de manera inexplicable—, pero no se hacía referencia a las pérdidas causadas en el mar por la guerra submarina, a los bombardeos navales o a los daños provocados por incursiones aéreas. Para subsanar estas omisiones —que afectaban igualmente a vidas y bienes civiles— el Consejo Supremo de los aliados propuso su aclaración al presidente Wilson en los últimos días de octubre de 1918. En aquel momento, no creo que ningún estadista responsable tuviera la intención de exigir a Alemania una indemnización por la totalidad de los gastos de la guerra. El objetivo era simplemente dejar claro —cuestión de especial importancia para Gran Bretaña— que la reparación por daños a civiles y a su propiedad no se limitaría al territorio ocupado, sino que abarcaría todo perjuicio causado por tierra, mar o aire. Fue más tarde cuando la presión popular a favor de una indemnización total, por razones políticas, llevó a intentar encontrar en el texto escrito lo que no contenía.

¿Qué daños, entonces, pueden reclamarse al enemigo conforme a una interpretación estricta de nuestros compromisos? En el caso del Reino Unido, la nota comprendería:

a) Daños a la vida y a la propiedad civil causados por actos de un gobierno enemigo, incluidos los derivados de incursiones aéreas, bombardeos navales, guerra submarina y minas.

b) Compensación por los malos tratos infligidos a internados civiles.

No incluye los gastos generales de la guerra, ni los daños indirectos derivados de la pérdida de comercio.

Las reclamaciones francesas incluirían además:

c) Daños a personas y bienes civiles en la zona de guerra y por la guerra aérea tras las líneas enemigas.

d) Compensación por el saqueo de alimentos, materias primas, ganado, maquinaria, enseres domésticos, madera y otros bienes, realizado por los gobiernos enemigos o sus nacionales en territorios ocupados.

e) Reembolso de multas y requisas impuestas por autoridades enemigas sobre municipalidades o ciudadanos franceses.

f) Compensaciones a ciudadanos franceses deportados u obligados a trabajos forzados.

A lo anterior se añade un apartado de carácter más discutible: g) Los gastos realizados por la Comisión de auxilio para proporcionar alimentos y vestimenta indispensables a la población civil francesa en territorios ocupados.

Las reclamaciones belgas comprenderían partidas similares. Podría argumentarse que, en el caso de Bélgica, cabría una indemnización más cercana a los gastos generales de la guerra debido a la infracción del Derecho internacional que supuso su invasión; pero, como hemos visto, los Catorce puntos no establecen ninguna reclamación especial por este concepto. Dado que el coste del auxilio a Bélgica, así como sus gastos generales de guerra, ya fue cubierto mediante adelantos de los gobiernos británico, francés y estadounidense, cualquier pago alemán por tales conceptos serviría en realidad para amortizar la deuda belga con dichos gobiernos, convirtiéndose así en una ampliación indirecta de sus propias reclamaciones.

Las demandas de los demás aliados se formularían en términos análogos. Para ellos surge con mayor urgencia la cuestión de hasta qué punto puede hacerse responsable a Alemania por los daños causados no directamente por ella, sino por sus aliados Austria-Hungría, Bulgaria y Turquía. Los Catorce puntos no ofrecen una respuesta clara a este problema. Por un lado, el punto once se refiere expresamente a los daños sufridos por Rumania, Servia y Montenegro, sin especificar la nacionalidad de las tropas causantes; por otro, la nota aliada habla de agresión «alemana», cuando podría haber aludido a la agresión de «Alemania y sus aliados». En una interpretación literal, es dudoso que puedan reclamarse a Alemania daños causados, por ejemplo, por los turcos en el canal de Suez o por submarinos austriacos en el Adriático. No obstante, los aliados podrían haber impuesto una responsabilidad solidaria sin tergiversar gravemente el espíritu general de sus compromisos.

Entre los propios aliados, la situación es distinta. Sería un acto indigno que Francia y Gran Bretaña retuvieran íntegramente los pagos alemanes y dejaran a Italia o a Servia depender únicamente de lo obtenido de Austria-Hungría. Entre aliados, resulta evidente que los ingresos debían repartirse proporcionalmente al conjunto de sus reclamaciones. En tal caso, y si se acepta mi cálculo posterior, la capacidad de pago de Alemania quedaría absorbida por las reclamaciones directas y legítimas, haciendo académica la cuestión de sus responsabilidades subsidiarias. Un estadista prudente y honorable habría debido concederle el beneficio de la duda y limitar sus exigencias a los daños que Alemania causó directamente.

¿A cuánto ascendería la reclamación total sobre esta base? No existen cifras que permitan un cálculo exacto o científico; ofrezco el mío con las debidas reservas, precedido de las siguientes consideraciones.

El daño material causado en los distritos invadidos ha sido objeto de exageraciones comprensibles, pero enormes. Un recorrido por las regiones devastadas de Francia produce una impresión indescriptible. Durante el invierno de 1918–1919, antes de que la Naturaleza cubriera el paisaje, la desolación de la guerra se manifestaba con una intensidad sobrecogedora. La destrucción parecía total: durante kilómetros no quedaba una sola vivienda habitable ni un campo cultivable. La monotonía resultaba opresiva: una región devastada era idéntica a otra, un cúmulo de escombros, charcas de cráteres y enredos de alambre. La cantidad de trabajo humano necesaria para restaurar esos campos parecía incalculable, y para el observador, ningún número de millones bastaba para expresar la magnitud de la devastación grabada en su ánimo. Algunos gobiernos, por razones evidentes, no han dudado en aprovechar políticamente estos sentimientos.

Yo creo que el sentir popular se equivoca, sobre todo en el caso de Bélgica. De cualquier modo, Bélgica es un país pequeño, y el área real de devastación constituye sólo una parte reducida del conjunto. La primera ofensiva alemana de 1914 causó algunos daños locales; después, la línea de batalla en Bélgica no se desplazó, como ocurrió en Francia, a lo largo de una gran extensión del país. Permaneció prácticamente fija, y las hostilidades se limitaron a un pequeño rincón, gran parte del cual, hasta fechas recientes, era atrasado, pobre y estancado, y no contenía elementos significativos de la industria activa de la nación. Quedan, ciertamente, algunos daños en la pequeña área inundada, así como el daño deliberado causado por los alemanes en su retirada a edificios, plantaciones y sistemas de transporte, y el pillaje de maquinaria, ganado y demás bienes muebles. Pero Bruselas, Amberes e incluso Ostende permanecen sustancialmente intactos, y la mayor parte de la tierra que constituye la principal riqueza de Bélgica se encuentra casi tan bien cultivada como antes. El viajero atraviesa en automóvil el área devastada de Bélgica de un extremo a otro casi sin advertirlo.

En cambio, la destrucción en Francia es de otra naturaleza y de otra escala. Desde el punto de vista industrial, el pillaje ha sido grave y, sin duda, paralizante; pero el coste efectivo de sustituir la maquinaria crece lentamente, y con unas pocas decenas de millones podría cubrirse el valor de todo tipo de máquinas que Bélgica poseyera. Además, el estadístico riguroso no debe omitir el hecho de que el pueblo belga posee un instinto de autoprotección individual desarrollado de manera poco común; y la gran masa de billetes de Banco alemanes[6] capturados en el país al firmarse el Armisticio demuestra que ciertos grupos supieron encontrar medios, pese a toda la severidad y barbarie del Gobierno alemán, para beneficiarse a costa del invasor. Las reclamaciones belgas contra Alemania, que he visto elevarse a una suma superior a la riqueza total del país antes de la guerra, no merecen réplica alguna.

Para ordenar nuestras ideas resulta útil señalar la valoración oficial de la riqueza belga, publicada en 1913 por el Ministerio de Hacienda de Bélgica, que fue la siguiente:

	Libras
Tierra	264,000,000
Construcciones	235,000,000
Riqueza particular	545,000,000
Moneda	17,000,000
Muebles y utensilios, etc	120,000,000
	1,181,000,000

Este total arroja un promedio de 156 libras por habitante, cifra que el doctor Stamp, máxima autoridad en la materia está dispuesto a considerar prima facie demasiado baja (aunque no acepta ciertos cálculos mucho más elevados que han circulado recientemente), siendo la riqueza correspondiente por cabeza —considerando los países vecinos— de 167 libras para Holanda, 244 libras para Alemania y 303 libras para Francia. Un total de 1,500 millones de libras, que arrojaría un promedio de unas 200 libras por habitante, habría sido una estimación muy generosa. El cálculo oficial del valor de la tierra y de las construcciones es probablemente más preciso que el resto. Por otra parte, debe concederse cierto margen por el aumento del coste de la construcción.

Teniendo en cuenta todas estas consideraciones, no estimo el valor monetario de la pérdida material actual de la propiedad belga, causada por la destrucción y el pillaje, en más de 150 millones de libras como máximo; y aunque dudo en reducir aún más una cifra que difiere tanto de las comúnmente aceptadas, me sorprendería que pudiera demostrarse la validez de las reclamaciones siquiera hasta ese nivel. Las reclamaciones relativas a impuestos, multas, requisiciones y conceptos similares podrían elevarse, posiblemente, a más de 100 millones de libras. Si se incluyen las sumas adelantadas a Bélgica por sus aliados para cubrir los gastos generales de la guerra, debe añadirse una cantidad de 250 millones de libras —en la que se incluyen los gastos de socorro— alcanzándose así un total de 500 millones de libras.

La destrucción en Francia fue, desde luego, en un grado mucho más grave, no sólo en lo que se refiere a la extensión de la línea de batalla, sino también por el área del país, inmensamente más amplia, sobre la cual la batalla se extendió de manera alternada. Es una creencia vulgar pensar que Bélgica es la víctima principal de la guerra; yo creo que se demostrará que, teniendo en cuenta las muertes, las pérdidas de propiedad y las cargas de la deuda futura, Bélgica ha realizado el sacrificio relativamente menor de todos los beligerantes, salvo los Estados Unidos. Entre los aliados, los sufrimientos y pérdidas de Servia han sido proporcionalmente los mayores y, después de Servia, sigue Francia. Francia, en todo lo esencial, ha sido tan víctima de la ambición alemana como Bélgica, y su entrada en la guerra fue tan inevitable como la de ésta. Francia, a mi juicio, a pesar de su política en la Conferencia de la Paz —política debida en gran parte a sus sufrimientos—, tiene los mayores derechos a nuestra generosidad.

La posición especial que ocupa Bélgica en el imaginario popular se debe, naturalmente, al hecho de que en 1914 su sacrificio fue, con mucho, el mayor de todos los aliados. Pero después de 1914 desempeñó un papel de menor importancia. En consecuencia, hacia finales de 1918, sus sacrificios relativos —aparte de los sufrimientos de la invasión, que no pueden medirse en dinero— quedaron por debajo y, en ciertos aspectos, no fueron siquiera tan grandes como, por ejemplo, los de Australia. No digo esto con el propósito de eludir las obligaciones hacia Bélgica que hemos contraído, en diferentes momentos, por las promesas de nuestros hombres de Estado responsables. Gran Bretaña no debe reclamar ningún pago de Alemania para sí misma hasta que las justas reclamaciones de Bélgica hayan sido plenamente satisfechas. Pero esto no es razón para que ni ellos ni nosotros dejemos de decir la verdad acerca de su magnitud.

Aunque las reclamaciones francesas son inmensamente mayores, también aquí ha existido una exageración excesiva, como han indicado los propios estadísticos competentes de Francia. El enemigo no ocupó de manera efectiva más del 10 % del área total de Francia y, dentro de la zona de verdadera devastación, no comprendía más del 4 %. De las 60 ciudades francesas con una población superior a 35,000 habitantes, sólo dos fueron destruidas: Reims (115,178) y Saint-Quentin (55,571); otras tres fueron ocupadas: Lille, Roubaix y Douai, que sufrieron pillaje de maquinaria y de otras propiedades, pero no resultaron sustancialmente dañadas en otros aspectos. Amiens, Calais, Dunkerque y Boulogne sufrieron daños menores por los bombardeos aéreos; pero el valor de Calais y de Boulogne debió de aumentar debido a las nuevas obras de diversa índole construidas para uso del ejército inglés.

El *Anuario Estadístico de Francia* de 1917 valora la propiedad total en construcciones de Francia en 2,380 millones de libras. El cálculo, común en Francia, de 800 millones de libras por la destrucción de la propiedad edificada solamente resulta, por tanto, notoriamente exagerado. La cifra de 120 millones de libras a precios anteriores a la guerra —es decir, unos 250 millones a valores actuales— se aproxima mucho más a la cifra correcta. Los cálculos del valor de la tierra de Francia (excluidas las construcciones) oscilan entre 2,480 y 3,116 millones de libras. Por ello resulta exagerado estimar el daño en este concepto en más de 100 millones. El capital en explotaciones agrícolas de toda Francia no ha sido calculado, por autoridades especializadas, en más de 420 millones de libras. Quedan las pérdidas en mobiliario y maquinaria, los daños en las minas de carbón, en el sistema de transportes y muchos otros secundarios. Pero estas pérdidas, aunque graves, no pueden valorarse en cientos de millones de libras esterlinas tratándose de una parte tan reducida del territorio francés. En suma, será muy difícil formular una cuenta que supere los 500 millones de libras por el daño físico y material de las comarcas ocupadas y devastadas del norte de Francia.

Confirma mi cálculo la opinión de M. René Pupin, autor del estudio más amplio y riguroso sobre la riqueza de Francia antes de la guerra, a quien conocí después de haber establecido mis cifras. Esta autoridad calcula las pérdidas materiales de las regiones invadidas entre 400 y 600 millones de libras, intervalo dentro del cual se sitúan mis estimaciones.

Sin embargo, M. Dubois, hablando en nombre de la Comisión de Presupuestos de la Cámara, dio la cifra de 2,600 millones de libras «como mínimo», sin incluir «impuestos de guerra, pérdidas en el mar, carreteras o daños a monumentos públicos»; y M. Loucheur, ministro de Reconstrucción Industrial, afirmó ante el Senado, el 17 de febrero de 1919, que la reconstrucción de las regiones devastadas costaría 3,000 millones de libras: más del doble del cálculo de M. Pupin para la riqueza total de sus habitantes. Pero en aquella ocasión M. Loucheur desempeñaba un papel destacado en la defensa de las reclamaciones francesas ante la Conferencia de la Paz y, como a otros, le parecía que la estricta verdad no se ajustaba a las exigencias del patriotismo.

Las cifras examinadas hasta ahora no constituyen, sin embargo, el total de las reclamaciones francesas. Quedan, en particular, los impuestos y requisiciones de las áreas ocupadas y las pérdidas de la marina mercante francesa en el mar a causa de los ataques de cruceros y submarinos alemanes. Probablemente 200 millones cubrirían ampliamente tales reclamaciones; pero, para mayor seguridad, añadamos —aunque sea de forma algo arbitraria— 300 millones más, alcanzando un total de 800 millones.

Las afirmaciones de M. Dubois y M. Loucheur se realizaron al inicio de la primavera de 1919. El discurso pronunciado por M. Klotz ante la Cámara francesa seis meses después, el 5 de septiembre de 1919, tenía aún menos justificación. En dicho discurso, el ministro francés de Hacienda estimó la reclamación total francesa por daños a la propiedad —suponiéndose que incluía las pérdidas en el mar, pero excluyendo pensiones y asignaciones— en 3,360 millones de libras, es decir, más de seis veces mi cálculo. Incluso si se demostrara que mi cifra fuera errónea, la de M. Klotz no podría justificarse jamás. Tan grave ha sido el engaño infligido al pueblo francés por sus ministros que, cuando inevitablemente salga a la luz —como pronto ocurrirá— tanto la verdadera magnitud de sus reclamaciones como la capacidad real de Alemania para satisfacerlas, las consecuencias recaerán sobre alguien más elevado que M. Klotz, y podrían incluso afectar al Gobierno y a la sociedad que él representa.

Las reclamaciones británicas, sobre las bases actuales, deberían limitarse casi exclusivamente a las pérdidas en el mar: pérdidas de buques y de cargamentos. Podrían añadirse, naturalmente, los daños a la propiedad civil por los raids aéreos y los bombardeos navales; pero, en relación con las cifras aquí consideradas, su valor monetario resulta insignificante. Con 5 millones de libras podrían cubrirse todas; con 10 millones, con total seguridad.

Los buques mercantes británicos hundidos por el enemigo, excluidos los pesqueros, ascienden a 2,479, con un tonelaje de 7,759,000 toneladas. Existen diferencias de criterio respecto a la valoración exacta del coste de reposición; un tipo de 30 libras por tonelada bruta —que, dado el rápido crecimiento de la construcción naval, pronto podría resultar elevado, pero que puede sustituirse por otro fijado por autoridades más competentes— arroja una reclamación total de 230 millones de libras. A ello debe añadirse la pérdida de los cargamentos, cuyo valor depende casi por completo de la estimación. Un cálculo de 40 libras por tonelada perdida puede considerarse razonablemente aproximado, es decir, 310 millones de libras, lo que suma un total de 540 millones.

Añadiendo 30 millones más para cubrir los raids aéreos, bombardeos, reclamaciones de civiles internados y otras partidas diversas, cantidad más que suficiente, la reclamación total de Gran Bretaña alcanzaría 570 millones de libras. Resulta quizá sorprendente que el valor monetario de nuestra reclamación se acerque tanto al de

Francia y supere al de Bélgica. Pero, ya se mida por la pérdida pecuniaria o por la reducción efectiva de la capacidad económica del país, el daño infligido a nuestra marina mercante fue enorme.

Quedan las reclamaciones de Italia, Servia y Rumania por daños causados por la invasión, y las de éstos y otros países, como, por ejemplo, Grecia, por pérdidas en el mar. Acepto, a los efectos de la argumentación presente, que estas reclamaciones se dirijan contra Alemania, aunque los daños no fueran causados directamente por ella, sino por sus aliados; pero no se ha pensado en incluir ninguna reclamación de este género a favor de Rusia. Las pérdidas de Italia por la invasión y en el mar no pueden ser muy elevadas. Una cifra de 50 a 100 millones de libras será suficiente para resarcirlas.

Las pérdidas de Servia, aunque desde un punto de vista humano, por la magnitud de sus sufrimientos, fueron las mayores de todas, no pueden medirse económicamente en cifras muy altas, a causa de su escaso desarrollo económico. El doctor Stamp, en la revista citada, menciona un cálculo del estadístico italiano Marroi, que estima la riqueza nacional de Servia en 480 millones de libras, es decir, 105 libras por habitante, y la mayor parte de ella está representada por tierras que no han sufrido un daño permanente. Ante datos tan limitados para calcular algo más que la magnitud general de las reclamaciones legítimas de este grupo de países, prefiero no ir más allá de una estimación y fijar en 250 millones de libras la cifra correspondiente a todo el conjunto.

Llegamos, finalmente, al siguiente resultado:

	Millones de libras
Bélgica	500
Francia	800
Gran Bretaña	570
Otros aliados	250
Total	2,120

No hace falta decir al lector que hay mucho de conjetural en lo anterior y que, en especial, la cifra correspondiente a Francia será probablemente cuestionada. Pero tengo cierta confianza en que la escala general, aunque no las cifras exactas, no resulta manifiestamente errónea. Esto puede expresarse afirmando que la reclamación contra Alemania, calculada conforme a la interpretación de los compromisos anteriores al Armisticio contraídos por las Potencias aliadas, tal como aquí se ha aceptado, superará con seguridad los 1,600 millones de libras y no alcanzará los 3,000.

Ésta es la totalidad de la reclamación que tenemos derecho a presentar al enemigo. Por razones que se expondrán más adelante, creo que hubiera sido un acto prudente y justo haber solicitado al Gobierno alemán, durante las negociaciones de la Paz, que aceptara una suma de 2,000 millones de libras como arreglo definitivo, sin proceder a un examen ulterior de los detalles. Esto habría proporcionado una solución inmediata y segura, exigiendo a Alemania una suma que, con cierta flexibilidad, no le habría resultado completamente imposible de pagar. Dicha suma se habría distribuido entre los aliados en función de sus necesidades y conforme a un principio de equidad general. Pero el asunto no se resolvió atendiendo a estas consideraciones.

II.   LA CONFERENCIA Y LAS CONDICIONES DEL TRATADO

No creo que, en la fecha del Armisticio, las autoridades responsables de los países aliados esperaran ninguna otra indemnización de Alemania que el pago de las reparaciones por el daño material directo que hubiera resultado de la invasión del territorio aliado y de la campaña submarina. En aquel momento existían dudas serias acerca de si Alemania aceptaría nuestras condiciones, que en otros aspectos eran inevitablemente muy severas, y se habría considerado un acto imprudente arriesgarse a una continuación de la guerra por exigir un pago en dinero que la opinión aliada entonces no esperaba y que, probablemente, no se podría asegurar en ningún caso. Yo creo que los franceses no aceptaron nunca por completo este punto de vista; pero ciertamente sí lo era la actitud británica, y en este clima se trazaron las condiciones previas al Armisticio.

Un mes después, el ambiente cambió por completo. Habíamos descubierto ya cuán desesperada era realmente la situación alemana, descubrimiento que algunos, aunque no todos, habían anticipado, pero que ninguno había reconocido como una certeza. Era evidente que hubiéramos podido asegurar la rendición incondicional si nos hubiéramos decidido a ello. Pero surgió otro factor nuevo en la situación, de una importancia política mayor. El jefe del Gobierno inglés advirtió que la conclusión de las hostilidades podía traer consigo, en breve plazo, la ruptura del bloque político sobre el que descansaba su ascendiente personal, y que las dificultades internas que acompañarían a la desmovilización, el retorno de la industria desde las condiciones de guerra a las de paz, la situación financiera y las reacciones psicológicas generales del espíritu público, proporcionarían a sus adversarios armas poderosas si se les daba tiempo para organizarse. La mejor probabilidad, por tanto, para consolidar su poder —un poder personal, ejercido como tal, independientemente de partidos o principios, hasta un punto inusual en la política inglesa— debía fundarse en avivar la hostilidad antes de que los prestigios de la victoria se desvanecieran, e intentar asentar sobre las pasiones del momento los cimientos de una autoridad que sobreviviera a las inevitables reacciones del futuro inmediato. Por ello, poco después del Armisticio, el vencedor popular, en la cúspide de su influencia y autoridad, decretó una elección general.

Todo el mundo consideró entonces este acto como una inmoralidad política. Todos los motivos de interés público reclamaban un aplazamiento que diera tiempo a definir los principios de la nueva era y permitiera al país contar con algo más concreto sobre lo que pronunciarse y dar instrucciones a sus nuevos representantes. Pero las exigencias de la ambición personal determinaron otra cosa. Durante algún tiempo, todo marchó bien. Sin embargo, antes de que la campaña estuviera muy avanzada, los candidatos del Gobierno se encontraron acosados por la falta de una aspiración movilizadora. El Gabinete de Guerra solicitaba una ampliación del mandato por haber ganado la guerra. Pero, en parte porque los nuevos principios aún no se habían definido, y en parte debido al difícil equilibrio de un partido de coalición, la política futura del primer ministro quedaba envuelta en el silencio o en ambigüedades. La campaña parecía, pues, estancarse. A juzgar por los acontecimientos posteriores, es probable que el partido de coalición no hubiera estado nunca en verdadero peligro. Pero los jefes de partido se inquietan con facilidad. Los consejeros más nerviosos del primer ministro le advirtieron que no estaba a salvo de sorpresas peligrosas, y él les prestó oído. Los jefes del partido reclamaban aún más ajenjo, y el primer ministro fue a buscarlo.

Aceptando que el retorno del primer ministro al poder era lo esencial, lo demás se seguía como consecuencia natural. En aquella ocasión circulaba, en ciertos sectores, el rumor de que el Gobierno no había ofrecido garantías suficientes de que «no se perdonaría a los hunos». Se prestaba mucha atención a Mr. Hughes, que reclamaba una gran indemnización, y lord Northcliffe aportaba su poderosa influencia a la misma causa. Esto indicó al primer ministro que podía matar dos pájaros de un tiro. Adoptando la política de Mr. Hughes y de lord Northcliffe, podía, a la vez, silenciar a tan poderosos críticos y proporcionar a sus directores de partido una bandera eficaz para ahogar las voces crecientes de crítica procedentes de otros sectores.

El desarrollo de las elecciones generales de 1918 constituye una historia ejemplar, triste y dramática, de la debilidad esencial de quien no toma como guía sus propios impulsos sinceros, sino los efluvios pesados de la atmósfera que momentáneamente lo rodea. Los instintos naturales del primer ministro eran entonces, como solían serlo, sensatos y razonables. No pensaba en capturar al Káiser, ni en la justicia ni en la posibilidad de una gran indemnización. El 22 de noviembre, junto con

Mr. Bonar Law, publicó su manifiesto electoral. No contenía alusión alguna ni a lo uno ni a lo otro; hablaba, más bien, del desarme y de la Sociedad de Naciones, y concluía que «nuestra primera tarea debía ser concluir una paz justa y duradera, sentando así los cimientos de una nueva Europa y evitando toda guerra ulterior».

En su discurso de Wolverhampton, en la víspera de la disolución (24 de noviembre), no hubo ni una palabra sobre reparaciones o indemnizaciones. Al día siguiente, en Glasgow, Mr. Bonar Law tampoco prometió nada. «Vamos a la Conferencia —dijo— como cualquiera de los aliados, y no podéis esperar que un miembro del Gobierno sea cual sea su opinión, indique en público, antes de acudir a esa Conferencia, la línea que habrá de seguir respecto de una cuestión concreta.» Pero pocos días después, en Newcastle (29 de noviembre), el primer ministro, exaltándose en su actuación, declaró: «Cuando Alemania venció a Francia, le hizo pagar. Ése es el principio que ella misma estableció. No hay duda alguna sobre el principio, y el principio conforme al cual debemos proceder es que Alemania debe pagar los costes de la guerra hasta el límite de su capacidad para hacerlo». No obstante, acompañó esta declaración con numerosas reservas acerca de las dificultades prácticas del caso: «Hemos designado un valioso Comité de técnicos, que representa a todos los matices de opinión, para estudiar esta cuestión con cuidado y aconsejarnos. No hay duda sobre la justicia de la demanda. Debe pagar, debe pagar todo lo que pueda; pero no le permitiremos pagar por medios que arruinen nuestra industria».

En este punto, el primer ministro buscaba mostrar una severidad aparente, sin alimentar esperanzas excesivas de obtener el dinero de inmediato ni comprometerse a una línea de conducta definida en la Conferencia. Se rumoreaba que una alta autoridad de la City había afirmado públicamente que Alemania podría pagar, con seguridad, 20,000 millones de libras, y que dicha autoridad no tendría inconveniente en acreditarle una cifra doble. Los funcionarios del Tesoro, según señaló Lloyd George, sostenían un criterio distinto, y él podía así ampararse en la discrepancia de opiniones entre sus asesores y considerar la cifra exacta de la capacidad alemana de pago como una cuestión abierta, en cuya resolución haría todo lo posible en defensa de los intereses de su país. Sobre los compromisos adquiridos en virtud de los Catorce puntos, no decía nada.

El 30 de noviembre, Mr. Barnes, miembro del Gabinete de Guerra, en el que se suponía que representaba al partido Laborista, gritó desde la tribuna: «Estoy a favor de que se cuelgue al Káiser».

El 6 de diciembre, el primer ministro lanzó una declaración de su política y de sus propósitos en la que, acentuando significativamente la palabra europeos, afirmó que «todos los aliados europeos habían aceptado el principio de que las Potencias centrales debían pagar el coste de la guerra en lo que su "capacidad lo permitiera"».

Pero no faltaba más que una semana para el día de la elección, y aún no había dicho lo suficiente para satisfacer los apetitos del momento. El 8 de diciembre, *The Times*, proporcionando, como de costumbre, un manto de ostensible y aparente decoro a la incontinencia de sus compañeros declaró en un artículo de fondo, titulado «Hay que hacer pagar a Alemania», que «el espíritu público estaba aún desconcertado por las diversas afirmaciones del primer ministro». «Existe la sospecha —añadía— de la actuación de ciertas influencias para dejar a los alemanes libres gradualmente, y no debe haber más norma posible para determinar su capacidad de pago que el interés de los aliados». «El candidato que se ocupa de los problemas del día —escribía su corresponsal político—, que adopta la frase de Mr. Barnes de colgar al Káiser y que insiste en que Alemania pague los gastos de guerra, es el que arrastra a su auditorio y el que da las notas a que éste responde mejor».

El 9 de diciembre, en Queen's Hall, el primer ministro esquivó el tema. Pero, desde entonces, la francachela de ideas y palabras aumentó de hora en hora. Sir Eric Geddes ofreció el espectáculo más gravoso en el Guildhall de Cambridge. En un discurso anterior, en un momento de ingenuidad imprudente, había expresado sus dudas sobre la posibilidad de extraer de Alemania todo el gasto de la guerra. Este discurso fue objeto de severas censuras, y pensó que debía rehabilitar su reputación. «Sacaremos de ella todo lo que se puede sacar estrujando un limón, y algo más», gritaba el penitente; «la estrujaré hasta que oigáis crujir las pepitas». Toda su política consistía en apropiarse de todo pedazo de propiedad perteneciente a alemanes en países neutrales y aliados, de todo su oro, plata y joyas, y del contenido de sus museos de pintura y bibliotecas, para venderlo en beneficio de los aliados. «Yo quisiera despojar a Alemania —clamaba— como ella ha despojado a Bélgica».

El 11 de diciembre, el primer ministro había capitulado. Su manifiesto final de los Seis Puntos, lanzado ese día al cuerpo electoral, ofrecía una comparación lamentable con su programa de tres semanas antes. Lo copio literalmente:

1. Procesamiento del Káiser.
2. Castigo de los responsables de brutalidades.
3. Pago completo de indemnizaciones por Alemania.
4. Inglaterra para los ingleses, social e industrialmente.
5. Rehabilitación de los perjudicados por la guerra.
6. Un país más feliz para todos.

He aquí una excelente materia para los cínicos. Tres semanas de plataforma electoral habían llevado a los poderosos gobernantes de

Inglaterra —aquellos que poco antes habían hablado con nobleza del desarme y de la Sociedad de Naciones, de una paz justa y duradera que sentara los cimientos de una nueva Europa— a esta mezcolanza de aridez y pasiones, de prejuicios y falsedades manifiestas.

En efecto, aquella misma tarde, en Bristol, el primer ministro abandonó sus anteriores reservas y estableció cuatro principios directivos de su política de indemnizaciones, de los cuales los principales eran tres:

1. Tenemos un derecho absoluto a reclamar el coste total de la guerra.
2. Nos proponemos reclamar el coste total de la guerra.
3. Un comité nombrado bajo la dirección del Gabinete cree que esto puede hacerse.

Cuatro días después se celebraron las elecciones.

El primer ministro nunca dijo que creyera que Alemania pudiera pagar todo el gasto de la guerra. Pero el programa se concretó en boca de sus partidarios. Se hacía creer al elector común que podía obligarse a Alemania a pagar la mayor parte, si no la totalidad, del coste de la guerra. Así se satisfacía tanto a quienes los gastos bélicos sugerían temores prácticos y egoístas respecto del porvenir, como a quienes tenían el ánimo perturbado por los horrores sufridos. Votar por el candidato de la coalición significaba crucificar al Anticristo y cargar a Alemania con la deuda nacional británica.

El resultado fue una combinación irresistible, y una vez más acertó el instinto político de Mr. Lloyd George. No hubo candidato que, criticando este programa, pudiera salvarse, y ninguno lo intentó.

El viejo Partido Liberal, al no tener nada comparable que ofrecer al cuerpo electoral, fue barrido. Surgió una nueva Cámara de los Comunes, cuya mayoría se había comprometido a mucho más que las cautas promesas del primer ministro. Poco después de su llegada a Westminster, pregunté a un amigo conservador, conocedor de Cámaras anteriores, qué opinión le merecía ésta. «Es una colección de hombres de rostro rígido —me dijo—, que tienen el aspecto de haber salido muy bien librados de la guerra».

Éste era el ambiente en que se encontraba el primer ministro cuando partió hacia París, y éstas eran las dificultades que él mismo se había creado. Se había comprometido —y había comprometido a su Gobierno— a plantear exigencias contra un enemigo impotente, en contradicción con los solemnes compromisos contraídos por nuestra parte, compromisos en cuya observancia ese enemigo había confiado al deponer las armas. Hay pocos episodios en la Historia que la posteridad tenga menos motivos para perdonar: una guerra emprendida en defensa de la santidad de los compromisos internacionales que termina con la violación, por parte de uno de los campeones victoriosos, del más sagrado de esos compromisos.

Prescindiendo de otros aspectos del asunto, creo que la campaña destinada a obtener de Alemania el pago total del coste de la guerra fue uno de los actos más graves y de mayor torpeza política de que hayan sido responsables nuestros gobernantes. ¡Qué porvenir tan distinto habría aguardado a Europa si Mr. Lloyd George o Mr. Wilson hubieran comprendido que el problema más grave de todos los que reclamaban su atención no era político ni territorial, sino financiero y económico, y que el peligro del futuro no residía en las fronteras ni en la soberanía, sino en el alimento, el carbón y el transporte! Ninguno de ellos prestó la debida atención a estos problemas en momento alguno de la Conferencia. Pero, en cualquier caso, el clima propicio para un examen prudente y razonable se disipó sin esperanza por las intervenciones de la delegación británica en la cuestión de las indemnizaciones.

Las esperanzas que el primer ministro había despertado no sólo lo obligaban a sostener una base económica injusta e irrealizable para el Tratado con Alemania, sino que lo colocaban, por un lado, en desacuerdo con el presidente, y por otro, en conflicto con los intereses, en competencia, de Francia y Bélgica. Cuanto más evidente se hacía que poco pudiese esperarse de Alemania, más necesario parecía recurrir a la ambición patriótica y al egoísmo sagrado, arrebatando recursos a Francia —cuyas reclamaciones eran más justas y cuyas necesidades eran mayores— o a Bélgica, cuyas expectativas estaban sólidamente fundadas. Sin embargo, los problemas financieros que amenazaban a Europa no admitían solución mediante la ambición. Sólo la generosidad podía sanarlos.

Sí; Europa necesita para sobrevivir a estas perturbaciones tanta magnanimidad por parte de América como la que ella misma debe practicar. No servirá de nada a los aliados, exaltados por haber despojado a Alemania y por haberse despojado entre sí, implorar luego el auxilio de los Estados Unidos para sostener a flote a los Estados europeos, incluida Alemania.

Las perspectivas financieras de Europa serían hoy mucho más favorables si la elección general de diciembre de 1918 se hubiera librado en términos de prudente generosidad y no de ciega avidez. Creo que antes de la Conferencia principal, o al inicio mismo de sus sesiones, aún habría sido posible que los representantes de Gran Bretaña hubieran entablado conversaciones profundas con los de los Estados Unidos sobre la situación económica y financiera general, y que los primeros hubieran sido autorizados a formular proposiciones completas en líneas como las siguientes:

1. Que todas las deudas internacionales fueran canceladas de inmediato.
2. Que se fijara en 2,000 millones de libras la suma a pagar por Alemania.
3. Que Gran Bretaña renunciara a toda reclamación sobre dicha suma y que cuanto demostrara corresponderle se pusiera a disposición de la Conferencia para ayudar a las Haciendas de los nuevos Estados por establecerse.
4. Que, para dar valor inmediato a ciertas bases de crédito, todos los interesados en el Tratado garantizaran proporcionalmente una parte de las obligaciones alemanas representativas de la suma a pagar.
5. Que a las Potencias anteriormente enemigas se les permitiera, con vistas a su restauración económica, emitir una cantidad moderada de bonos con garantía semejante.

Tales proposiciones implicaban una apelación a la generosidad de los Estados Unidos. Pero ello era inevitable, y teniendo en cuenta que sus sacrificios financieros habían sido mucho menores, era una solicitud que podía formularse con dignidad. Tales propuestas eran realizables. No había en ellas nada quijotesco ni utópico. Y habrían abierto para Europa una perspectiva de estabilidad y reconstrucción financiera.

Quede la posterior elaboración de estas ideas para el capítulo VII, y volvamos a París. He mencionado los obstáculos que Lloyd George llevó consigo. La posición de los ministros de Hacienda de los otros países aliados era todavía peor. Al fin y al cabo, nosotros, en Gran Bretaña, no habíamos basado nuestros arreglos financieros en ninguna esperanza de indemnización. Ingresos de tal origen hubieran tenido, más o menos, la naturaleza de una ganancia inesperada, y, prescindiendo de ulteriores desarrollos, esperábamos, desde luego, equilibrar nuestro presupuesto por los métodos habituales. Pero no era éste el caso de Francia ni de Italia. Sus presupuestos de paz no pretendían el equilibrio, ni aspiraban a alcanzarlo sin una previa revisión extensa de la política vigente. En realidad, la situación era, y sigue siendo, casi desesperada. Estos países presentían la bancarrota nacional, que no podía evitarse sino alimentando la esperanza de grandes ingresos procedentes del enemigo. En cuanto se admitió que era prácticamente imposible obligar a Alemania a pagar los gastos de ambas partes, y que no era viable descargar todas las responsabilidades sobre el enemigo, la posición de los ministros de Hacienda de Francia y de Italia se volvió insostenible.

Así pues, toda consideración científica de la capacidad de Alemania para pagar fue descartada desde el principio. Las esperanzas que las exigencias políticas habían hecho necesario fomentar estaban tan alejadas de la verdad, que una leve modificación de las cifras carecía de objeto, siendo preciso ignorar por completo los hechos. La falsedad resultante fue fundamental. Sobre una base semejante fue imposible edificar una política financiera constructiva y realizable. Por esta razón, entre otras, era esencial una política financiera de desprendimiento. La situación financiera de Francia e Italia era tan grave, que resultaba imposible que atendieran a razones sobre la cuestión de la indemnización alemana, si no se les ofrecía, al mismo tiempo, alguna alternativa para librarse de sus males. Los representantes de los Estados Unidos cometieron, a mi juicio, un grave error al no presentar propuestas constructivas a una Europa doliente y desorientada.

Vale la pena señalar, de paso, otro elemento de la situación: la oposición existente entre la política opresiva de M. Clemenceau y las necesidades financieras de M. Klotz. El propósito de Clemenceau era debilitar y destruir a Alemania por todos los medios posibles, y llego incluso a creer que siempre desdeñó la indemnización, porque tenía la intención de no dejar a Alemania en condiciones de desarrollar una amplia actividad comercial. Y no se preocupó por comprender nada respecto a la indemnización ni sobre las aplastantes dificultades financieras del desdichado M. Klotz. Si a los financieros les complacía incluir en el Tratado algunas exigencias gravosas, no había mayor inconveniente; pero no debía permitirse que la satisfacción de estas demandas se mezclara con las exigencias esenciales de una paz cartaginesa. La combinación de la política realista de M. Clemenceau, que conducía a conclusiones ilusorias, con la política de apariencias de M. Klotz, fundada en consecuencias muy reales, introdujo en el Tratado una serie completa de decisiones incompatibles entre sí, además de las imposibilidades prácticas inherentes a las propuestas de reparaciones.

No puedo describir aquí la controversia estéril ni la intriga entre los propios aliados que, tras varios meses, culminaron en la presentación a Alemania del capítulo de reparaciones en su forma definitiva. Pocas negociaciones habrá habido en la Historia tan retorcidas, tan miserables y tan poco satisfactorias en lo esencial para todas las partes. Dudo que alguno de los participantes en aquel debate pueda mirar atrás sin sentir vergüenza. Me limitaré a analizar los elementos del compromiso final, que son de conocimiento general.

El punto principal que debía resolverse era, naturalmente, el de las partidas cuyo pago podía exigirse a Alemania. El compromiso electoral de Mr. Lloyd George de reclamar el derecho de los aliados a exigir a Alemania el pago del coste total de la guerra fue, desde el principio, notoriamente insostenible; o, para ser más ecuánime, no existía fuerza alguna, por grande que fuera, capaz de persuadir al presidente de la compatibilidad de esta demanda con los compromisos anteriores al Armisticio. El acuerdo efectivo, al que finalmente se llegó, se expresa como sigue en los párrafos del Tratado, tal como fueron dados a conocer al mundo.

El artículo 231 establece:

Los gobiernos aliados y asociados afirman, y Alemania acepta, la responsabilidad de Alemania y de sus aliados por haber causado todas las pérdidas y daños a que los gobiernos aliados y asociados y sus nacionales han estado sometidos como consecuencia de la guerra impuesta por la agresión de Alemania y sus aliados.

Este artículo está cuidadosamente redactado, porque el presidente podía interpretarlo como el reconocimiento de la responsabilidad moral de Alemania por haber provocado la guerra, mientras que el primer ministro podía presentarlo como el reconocimiento de una responsabilidad financiera por los gastos generales de la guerra.

El artículo 232 continúa:

Los gobiernos aliados y asociados reconocen que los recursos de Alemania no son suficientes, teniendo en cuenta la disminución permanente de tales recursos, que resultará de otras disposiciones del presente Tratado, para realizar una reparación completa de todas aquellas pérdidas y daños.

El presidente podía sentirse tranquilo considerando que esto no era sino la constatación de un hecho evidente, y que reconocer que Alemania no puede pagar cierta reclamación no implica que esté obligada a hacerlo; pero el primer ministro, a su vez, podía sostener que el texto reforzaba ante el lector la presunción de la responsabilidad teórica de Alemania, afirmada en el artículo precedente.

El artículo 232 añade:

Los gobiernos aliados y asociados exigen, sin embargo, y Alemania se compromete a que indemnizará todos los daños causados a la población civil de las Potencias aliadas y asociadas y a su propiedad, durante el período de beligerancia de cada una de ellas como Potencia aliada o asociada contra Alemania por tal agresión, por tierra, por mar y por aire, y, en general, todo daño, según lo define el anexo I adjunto.

Las palabras en cursiva, que constituyen prácticamente una acotación de las condiciones anteriores al Armisticio, satisfacen los escrúpulos del presidente, mientras que las palabras añadidas «y, en general, todo el daño, según se define en el anexo I adjunto», ofrecían al primer ministro una posibilidad apoyada en dicho anexo.

Sin embargo, todo esto no es, en el fondo, más que una cuestión de palabras y de habilidad de redacción, que no perjudica directamente a nadie y que, probablemente, parece por ahora mucho más importante de lo que será con el paso del tiempo. Volvamos, pues, a lo sustancial, al anexo I.

Una gran parte del anexo I se ajusta estrictamente a las condiciones anteriores al Armisticio o, en todo caso, no las amplía más allá de lo razonablemente aceptable. El párrafo primero exige compensación por el perjuicio causado por daño a personas civiles o, en caso de muerte, a quienes dependían de ellas, como consecuencia directa de actos de guerra; el párrafo segundo, por actos de crueldad, violencia o malos tratos cometidos por el enemigo contra civiles; el párrafo tercero, por actos del enemigo perjudiciales para la salud, la capacidad de trabajo o el honor de los civiles en territorio ocupado o invadido; el párrafo octavo, por trabajos forzados exigidos a civiles; el párrafo noveno, por daño causado a la propiedad —con excepción de obras o materiales navales o militares— como consecuencia directa de las hostilidades; y el párrafo décimo, por multas y exacciones impuestas por el enemigo a la población civil. Todas estas exigencias son justas y conformes con los derechos de los aliados.

El párrafo cuarto, que reclama compensación por «daños causados por toda clase de malos tratos a los prisioneros de guerra», es más dudoso desde un punto de vista estrictamente literal, pero puede justificarse en la Convención de La Haya y supone una suma relativamente pequeña.

Los párrafos quinto, sexto y séptimo plantean, en cambio, una cuestión de trascendencia inmensamente mayor. Estos párrafos establecen una reclamación por el total de las indemnizaciones de separación y similares otorgadas durante la guerra por los gobiernos aliados a las familias de las personas movilizadas, así como por el total de las pensiones y compensaciones por muerte o invalidez de los combatientes, pagaderas ahora y en el futuro. Como se verá más adelante, esto añade a la cuenta, desde el punto de vista financiero, una suma muy elevada, aproximadamente el doble de todas las demás reclamaciones juntas.

El lector se apercibirá pronto de la verosímil argumentación que puede ofrecerse en favor de la inclusión de estas partidas del daño, aunque sea únicamente por su dimensión sentimental. Ante todo, puede señalarse, desde el punto de vista de la justicia en general, lo paradójico que resulta que una mujer cuya casa ha sido destruida tenga derecho a reclamar al enemigo lo que otra mujer, cuyo marido ha sido abatido en el campo de batalla, no tiene títulos para exigir; o que un labrador, privado de su granja, pueda reclamar lo que una mujer, privada del trabajo de su marido, no puede reclamar. De hecho, el argumento para incluir pensiones e indemnizaciones de separación depende, en gran medida, de poner de relieve el carácter verdaderamente arbitrario del criterio establecido en las condiciones precedentes al Armisticio. De todas las pérdidas causadas por la guerra, algunas recaen más directamente sobre los individuos, y otras se distribuyen más bien sobre la comunidad. Pero, mediante las compensaciones otorgadas por el Gobierno, muchas de las primeras se transforman, en la práctica, en las segundas. El criterio más coherente para una reclamación limitada, situada por debajo del gasto total de la guerra, habría sido fijarla en función de los actos del enemigo contrarios a los compromisos internacionales o a las prácticas reconocidas de la guerra. Pero también esto habría sido muy difícil de aplicar, e injustamente desfavorable para los intereses franceses, en comparación con los de Bélgica (cuya neutralidad había sido garantizada por Alemania) y de Gran Bretaña (la principal víctima de los actos ilícitos de los submarinos). En todo caso, las apelaciones al sentimiento y a la nobleza antes señaladas son infructuosas, porque no existe diferencia, para quien percibe una indemnización de separación o una pensión, entre que el Estado que se la paga obtenga la compensación bajo uno u otro concepto; que el Estado cobre una indemnización aliviaría del mismo modo al contribuyente que una contribución por los gastos generales de la guerra. Pero la consideración principal es que ya era demasiado tarde para preguntarse si las condiciones que precedieron al Armisticio eran perfectamente sensatas y lógicas, o si debían modificarse; la única cuestión a dilucidar era si dichas condiciones no estaban, de hecho, limitadas a los tipos de daño directo a los civiles y a su propiedad, que se precisan en los párrafos primero, segundo, tercero, octavo, noveno y décimo del anexo I. Si las palabras tienen algún sentido, o los compromisos alguna fuerza, no tenemos mayor derecho a reclamar por los gastos de guerra del Estado, derivados de las pensiones e indemnizaciones de separación, que por cualquier otro de los gastos generales de la guerra. ¿Y quién es capaz de defender, con precisión, que tenemos títulos para exigir estos últimos?

Lo que realmente ocurrió fue que se produjo un compromiso entre las promesas del primer ministro al cuerpo electoral británico de reclamar los gastos totales de la guerra y el compromiso contrario que los aliados habían adquirido con Alemania en el Armisticio. El primer ministro podía alegar que, aunque no había logrado asegurar el pago de la totalidad de los gastos de la guerra, había, al menos, garantizado una contribución significativa a ellos; que siempre había condicionado sus promesas a la capacidad limitada de pago de Alemania; y que la cuenta, tal como ahora se ha presentado, rebasaba ampliamente esa capacidad, según la estimación de las autoridades competentes menos exageradas. El presidente, por su parte, había buscado una fórmula que no constituyera una violación de fe excesivamente clara y que le evitara un conflicto con sus asociados en una materia en la que toda apelación al sentimiento y a la pasión se habría vuelto contra él, en caso de haberse convertido en objeto de controversia pública abierta. Teniendo en cuenta los compromisos electorales del primer ministro, el presidente no podía esperar lograr que éste los abandonara íntegramente sin una lucha pública, y el reclamo de las pensiones habría sido una bandera decisivamente popular en todos los países. Una vez más, el primer ministro se mostró como un político táctico de extraordinaria habilidad.

Otro punto de gran dificultad puede advertirse entre las líneas del Tratado. No se fija una suma precisa que represente la responsabilidad de Alemania. Este punto, en particular, ha sido objeto de crítica general, pues resulta tan inconveniente para Alemania como para los propios aliados que ella no sepa cuánto debe pagar ni ellos cuánto han de recibir.

El método que aparentemente propone el Tratado para llegar al resultado final —en un período de varios meses, mediante la acumulación de cientos de miles de reclamaciones individuales por daños en la tierra, los edificios, las granjas, las construcciones y el ganado— es claramente impracticable; y el procedimiento razonable habría sido, para ambas partes, alcanzar un acuerdo para llegar a una suma global sin examinar los detalles. Si esta suma global se hubiera fijado en el Tratado, el arreglo se habría realizado sobre una base mucho más próxima a un criterio de carácter mercantil.

Pero esto resultaba imposible por dos razones. Se habían formulado dos tipos distintos de afirmaciones falsas: una, respecto a la capacidad de Alemania para pagar; otra, respecto al monto de las reclamaciones legítimas de los aliados en relación con las áreas devastadas. La fijación de cualquiera de estas cifras planteaba un dilema. Una cifra que reflejara la posible capacidad de Alemania para pagar y que no excediera en gran medida los cálculos de las autoridades más sinceras y bien informadas habría quedado desesperadamente lejos de las esperanzas populares, tanto en Inglaterra como en Francia. Y, por otro lado, una cifra precisa y definitiva por el daño producido que no frustrara las expectativas surgidas en Francia y Bélgica habría sido imposible de sostener en la discusión[30] y habría quedado expuesta a la crítica perjudicial de los alemanes, a quienes se suponía lo bastante prudentes como para reunir pruebas sustanciales sobre la magnitud de sus propios daños.

Por ello, el mejor procedimiento para los políticos era, con mucho, no mencionar cifras en absoluto; y de esta necesidad procede, en gran parte, la complejidad del capítulo de las reparaciones.

No obstante, el lector puede estar interesado en conocer mi cálculo de la reclamación que, de hecho, puede deducirse del anexo I del capítulo de reparaciones. En la primera sección de este capítulo he calculado ya las reclamaciones —excluidas las de pensiones e indemnizaciones de separación— en 3.000 millones de libras, tomando el límite superior de mi estimación. La reclamación por pensiones e indemnizaciones de separación conforme al anexo I no debe basarse en el coste actual de estas compensaciones para los gobiernos, sino que ha de consistir en una cifra capitalizada, calculada sobre la base de las escalas vigentes en Francia en la fecha en que el Tratado entró en vigor.

Este método evita el procedimiento parcial de valorar la vida de un norteamericano o de un inglés en una cifra superior a la de un francés o un italiano. La escala francesa para pensiones e indemnizaciones ocupa una posición intermedia: no tan elevada como la norteamericana o la inglesa, pero superior a la italiana, la belga o la servia. Los únicos datos necesarios para el cálculo son las tasaciones francesas vigentes y el número de hombres movilizados y de bajas en cada categoría de los distintos ejércitos aliados. Ninguna de estas cifras es exacta en el detalle; pero se conoce lo suficiente sobre el nivel general de las pensiones, las magnitudes implicadas y las bajas sufridas como para permitir un cálculo que no se desvíe mucho de la realidad. Mis estimaciones sobre la suma que debe añadirse por concepto de pensiones e indemnizaciones son las siguientes:

	Millones de libras
Imperio británico	1,400
Francia	2,400
Italia	500
Otros aliados, incluso los Estados Unidos	700
Total	**5,000**

Tengo mucha más confianza en la precisión aproximada de la cifra total que en su distribución entre los distintos reclamantes. Observará el lector que, en todo caso, la suma de pensiones e indemnizaciones incrementa enormemente la reclamación total, elevándola prácticamente al doble. Al añadir esta cifra al cálculo obtenido en los otros capítulos, resulta una reclamación total contra Alemania de 8,000 millones de libras. Creo que esta cifra es bastante elevada y que el resultado final podría ser algo inferior. En la sección siguiente de este capítulo se examinará la relación de esta suma con la capacidad de pago de Alemania. Aquí basta con recordar al lector otros aspectos concretos del Tratado, que se explican por sí mismos:

1.º De la suma total de la reclamación, sea cual fuere, deberá pagarse, antes del 1.º de mayo de 1921, una cantidad de 1,000 millones de libras. Más adelante se discutirá la posibilidad real de este pago. No obstante, el propio Tratado prevé ciertas reducciones. En primer lugar, esta suma incluye los gastos de los ejércitos de ocupación desde el Armisticio, una carga considerable —de unos 200 millones de libras— que, según otro artículo del Tratado (núm. 249), recae sobre Alemania. Además, los aprovisionamientos de alimentos y materias primas que, a juicio de los gobiernos y de las principales Potencias aliadas y asociadas, sean esenciales para colocar a Alemania en condiciones de cumplir sus obligaciones por reparaciones, podrán también, con la aprobación de dichos gobiernos, imputarse a cuenta de esa suma. Esta especificación reviste una importancia considerable. La cláusula, tal como está redactada, permite a los ministros de Hacienda de los países aliados sostener ante sus electores la expectativa de recibir grandes pagos en un plazo breve, mientras que, al mismo tiempo, concede a la Comisión de reparaciones una facultad discrecional que la fuerza de los hechos la obligará a ejercer, para devolver a Alemania lo necesario para el mantenimiento de su existencia económica. Este margen discrecional hace que la exigencia de un pago inmediato de 1,000 millones de libras sea menos dañina de lo que sería en otras circunstancias, pero en modo alguno la vuelve inofensiva. En primer lugar, mis conclusiones en la sección inmediata de este capítulo indican que esta suma no podrá reunirse en el período señalado, aun cuando una parte sustancial sea, en la práctica, devuelta a Alemania para permitirle financiar sus importaciones. En segundo lugar, la Comisión de reparaciones solo puede ejercer esta facultad discrecional asumiendo, de hecho, el control de todo el comercio exterior alemán y del cambio extranjero que de él se derive, lo que excede por completo la capacidad de tal organismo. Si la Comisión intentara administrar la recaudación de estos 1,000 millones de libras y autorizara la devolución de una parte a Alemania, el comercio de Europa central quedaría asfixiado por una reglamentación burocrática en su forma más ineficiente.

2.º Además del primer pago en metálico o en especie por 1,000 millones de libras, Alemania está obligada a entregar bonos al portador por una suma superior a 2,000 millones de libras; o, si los pagos en metálico o en especie efectuados antes del 1.º de mayo de 1921 no alcanzaran dicha cifra por efecto de las deducciones permitidas, una cantidad suficiente para elevar el total pagado —en moneda, especie y bonos— a 3,000 millones de libras[37]. Estos bonos devengan un interés del 2.5 % anual entre 1921 y 1925, y del 5 %, más un 1 % por amortización, a partir de entonces. Suponiendo, por tanto, que Alemania no pueda aportar ningún excedente apreciable para reparaciones antes de 1921, deberá reunir 75 millones de libras anuales entre 1921 y 1925, y 180 millones anuales con posterioridad.

3.º Tan pronto como la Comisión de reparaciones se convenza de que Alemania puede aportar algo más, se emitirán nuevos bonos al 5 % por un total de 2,000 millones de libras, quedando la proporción de amortización a determinar posteriormente por la Comisión. Esto elevará el pago anual a 280 millones de libras, sin incluir amortización del capital de esos 2,000 millones.

4.º La responsabilidad de Alemania, sin embargo, no se limita a 5,000 millones de libras. La Comisión de reparaciones exigirá nuevas emisiones de bonos al portador hasta cubrir la responsabilidad total del enemigo, conforme al anexo I. Sobre la base de mi estimación de 8,000 millones de libras como responsabilidad total —que probablemente será criticada por ser demasiado baja antes que excesiva—, quedaría una diferencia de 3,000 millones. Suponiendo un interés del 5 %, esto elevaría el pago anual a 430 millones de libras, sin amortización.

5.º Pero esto no es aún todo. Existe una disposición adicional de alcance devastador. Los bonos correspondientes a pagos superiores a 3,000 millones de libras no se emitirán hasta que la Comisión esté convencida de que Alemania puede atender al pago de los intereses. Pero ello no implica que dichos intereses se condonen mientras tanto. Desde el 1.º de mayo de 1921, se cargará a Alemania el interés sobre la parte de su deuda original que no haya sido cubierta por pagos en moneda, en especie o por la emisión de bonos, como se ha señalado, y «el tipo de interés será del 5 %, salvo que la Comisión estime en el futuro que las circunstancias justifican una modificación». Es decir, el capital de la deuda crecerá continuamente a interés compuesto. El efecto de esta cláusula, en cuanto al incremento de la carga, es enorme si se parte del supuesto de que Alemania no puede realizar grandes pagos al inicio. Un capital al 5 % de interés compuesto se duplica en quince años. Si Alemania no pudiera pagar más de 150 millones de libras anuales hasta 1936 —esto es, solo el 5 % de interés sobre 3,000 millones—, los 5,000 millones sobre los que el interés queda diferido se convertirían en 10,000 millones, con un interés anual de 500 millones. Es decir, aunque Alemania abonara 150 millones anuales hasta 1936, seguiría debiendo entonces más de la mitad adicional respecto de su deuda actual (13,000 millones en lugar de 8,000). A partir de 1936, tendría que pagar 650 millones de libras anuales solo para cubrir los intereses. Y si además debiera amortizar el capital en treinta años desde 1936 —esto es, cuarenta y ocho años después del Armisticio—, tendría que abonar 130 millones adicionales cada año, sumando un total anual de 780 millones.

III.   CAPACIDAD DE ALEMANIA PARA PAGAR

Alemania debe satisfacer la suma a la que se ha comprometido mediante tres vías:

1. Riqueza inmediatamente transferible en oro, barcos y valores extranjeros.

2. Valor de la propiedad en territorios cedidos o sometidos por el Armisticio.

3. Pago anual, distribuido en varios años, parcialmente en metálico y parcialmente en especie, como productos de carbón, potasa y tintes.

No figuran entre estas partidas la inmediata restitución de la propiedad incautada en territorio ocupado por el enemigo, como, por ejemplo, oro ruso, valores belgas y franceses, ganado, maquinaria y obras de arte. En cuanto dichos bienes puedan ser identificados y restituidos, deberán ser devueltos a sus legítimos propietarios y no podrán incluirse en el total de la reparación general. Así lo dispone expresamente el artículo 238 del Tratado.

1. Riqueza inmediatamente transmisible

a) Oro. Deducido el oro que debe devolverse a Rusia, la cantidad existente, según el informe del Reichsbank del 30 de noviembre de 1918, ascendía a 115,417,900 libras. Esta suma era considerablemente mayor que la que figuraba en el informe del Reichsbank anterior a la guerra (el 23 de julio de 1914 la cifra era de 67,800,000 libras), y fue resultado de la enérgica campaña llevada a cabo en Alemania durante la guerra para que se entregara al Reichsbank no solo el oro acuñado, sino también todos los adornos de oro de cualquier clase.

Sin duda existirán todavía reservas privadas; pero, dados los grandes esfuerzos realizados, no es verosímil que ni el Gobierno alemán ni los aliados sean capaces de localizarlas. Puede, pues, aceptarse esta suma como una estimación aproximada del máximo total que el Gobierno alemán es capaz de extraer de su población.

Además del oro, había en el Reichsbank una suma de 1,000,000 de libras en plata. Debe, sin embargo, existir una cantidad mucho mayor en circulación, puesto que lo que tenía en la caja el Reichsbank el 31 de diciembre de 1917 ascendía a 9,100,000 libras, y se mantuvo aproximadamente en 6,000,000 hasta finales de octubre de 1918, cuando comenzó la circulación interior de toda clase de moneda. Podemos, por tanto, aceptar un total de 125,000,000 de libras en oro y plata en la fecha del Armisticio.

Pero estas reservas no están ya íntegras. Durante el largo período transcurrido entre el Armisticio y la Paz, los aliados tuvieron que asegurar el aprovisionamiento de Alemania desde el extranjero. La situación política alemana en aquel momento y la seria amenaza del espartaquismo hicieron imprescindible este paso, en interés de los propios aliados, si deseaban la continuidad en Alemania de un Gobierno estable con el que pudiera tratarse.

La cuestión de cómo debían pagarse tales aprovisionamientos presentaba las más graves dificultades. Se celebraron una serie de conferencias en Tréveris, Spa, Bruselas y, posteriormente, en Château Villette y Versalles, entre los representantes de los aliados y los de Alemania, con el objeto de encontrar algún sistema de pago lo menos perjudicial posible para los futuros pagos por reparaciones.

Los representantes alemanes sostuvieron desde el principio que el agotamiento financiero de su país era por entonces tan absoluto que el único remedio posible era un préstamo provisional por parte de los aliados. Difícilmente podían los aliados admitir esto en el momento en que estaban preparando peticiones para el pago inmediato por Alemania de sumas extraordinariamente mayores; pero, aparte de ello, la aspiración alemana no podía aceptarse como estrictamente justa mientras su oro no estuviera acuñado y mientras sus restantes valores extranjeros no hubieran sido negociados.

En todo caso, estaba fuera de toda consideración suponer que, en la primavera de 1919, la opinión pública en los países aliados o en América hubiera permitido la concesión de un préstamo importante a Alemania. Por otra parte, los aliados rehusaban, de manera natural, agotar en el aprovisionamiento de Alemania el oro, que parecía ofrecer una de las pocas fuentes claras y seguras para las reparaciones.

Se consumió mucho tiempo en la exploración de todas las alternativas posibles; pero, finalmente, resultó evidente que, aun cuando se hubieran valorado de forma suficiente las exportaciones alemanas y los valores extranjeros realizables, no podían liquidarse a tiempo, y que el agotamiento financiero de Alemania era tan completo que, de manera inmediata, no podía utilizarse nada en una cantidad que mereciera la pena, salvo el oro del Reichsbank.

Por consiguiente, durante los seis primeros meses de 1919, se transfirió por parte de Alemania a los aliados —principalmente a los Estados Unidos y a Gran Bretaña—, para el pago de alimentos, una suma en oro, extraída del Reichsbank, que superaba los 50,000,000 de libras.

Pero esto no era todo. Aunque Alemania se había comprometido, según la primera prolongación del Armisticio, a no exportar oro sin el permiso de los aliados, dicho permiso no podía negarse indefinidamente. El Reichsbank tenía deudas en los países neutrales vecinos, a las que solo podía hacerse frente mediante el pago en oro. La quiebra del Reichsbank por no atender estas responsabilidades habría provocado una depreciación del cambio tan grave para el crédito de Alemania que habría repercutido en las futuras posibilidades de la reparación.

Por tanto, en algunos casos, el Consejo Económico de los aliados otorgó al Reichsbank el permiso para exportar oro.

El resultado neto de estas distintas medidas fue reducir la reserva de oro del Reichsbank en más de la mitad, descendiendo las cifras de 115,000,000 a 55,000,000 de libras en septiembre de 1919. Sería posible, según el Tratado, destinar la totalidad de esta última suma a fines de reparación. Sin embargo, tal como están las cosas, esta cantidad representa menos del 4 % de la emisión del Reichsbank, y el efecto moral de su confiscación total podría temerse —teniendo en cuenta el gran volumen de billetes en marcos existente en el extranjero— que destruyera casi por completo el valor del cambio del marco.

Podría destinarse a un fin especial una suma de 5,000,000, 10,000,000 o incluso 20,000,000 de libras; pero cabe suponer que la Comisión de Reparaciones lo juzgará imprudente, teniendo en cuenta la necesidad de asegurar el cobro futuro y de no desorganizar el sistema de circulación alemán, especialmente porque los Gobiernos francés y belga, poseedores de un gran volumen de billetes en marcos —que antes circulaban en los territorios ocupados o cedidos—, tienen un marcado interés en sostener algún valor de cambio para el marco, con independencia absoluta de los fines de reparación.

Por tanto, se deduce de todo ello que no puede esperarse ninguna suma significativa, en forma de oro o plata, para el pago inicial de los 1,000,000,000 de libras que deberán abonarse en 1921.

b) Barcos. Alemania se ha comprometido, como ya se ha indicado, a entregar a los aliados prácticamente la totalidad de su marina mercante. Una parte considerable de ella se encontraba ya, de hecho, en manos de los aliados antes de la conclusión de la Paz, bien por estar retenida en sus puertos, bien por la transferencia provisional de tonelaje, conforme al Convenio de Bruselas, para el aprovisionamiento de substancias alimentarias.43 Estimando el tonelaje de los barcos alemanes que debían ser incautados, según el Tratado, en 4,000,000 de toneladas brutas, y tomando como término medio su valor por tonelada en 30 libras, el valor total que ello representaba en dinero asciende a 120,000,000 de libras.44

c) Valores extranjeros. Antes del censo de los valores extranjeros, realizado por el Gobierno alemán en septiembre de 1916,45 cuyos resultados exactos no se han hecho públicos, no se había publicado nunca en Alemania ningún informe oficial sobre tales inversiones, y los diversos cálculos no oficiales están, según admisión general, basados en datos insuficientes, tales como la admisión de valores extranjeros en las Bolsas alemanas, los ingresos por derechos de Timbre, los ingresos consulares, etc.

Los principales cálculos alemanes habituales antes de la guerra se presentan en la siguiente nota.46 Esto demuestra la coincidencia de opinión entre las autoridades alemanas en cuanto a que sus inversiones netas en el extranjero superaban los 1,250,000,000 de libras. Tomo esta cifra como base de mi cálculo, aunque considero que es excesiva: la de 1,000,000,000 sería probablemente una estimación más ajustada.

Las deducciones de este total deben hacerse conforme a cuatro categorías:

1.a Las inversiones en los países aliados y en los Estados Unidos, que por sí solos constituyen una parte considerable del mundo, han sido incautadas por los fiduciarios públicos, custodios de la propiedad enemiga y funcionarios análogos, y no pueden computarse para las reparaciones, salvo que existiera un excedente sobre las distintas deudas privadas. Conforme al sistema que rige las deudas enemigas, descrito en el capítulo IV, el primer cargo sobre estas sumas corresponde a las reclamaciones privadas de los aliados contra los súbditos alemanes. No es probable, salvo quizá en los Estados Unidos, que exista ningún excedente relevante para otro fin.

2.a Los campos de inversión más importantes en el extranjero para Alemania, antes de la guerra, no se encontraban, como los nuestros, al otro lado de los mares, sino en Rusia, Austria-Hungría, Turquía, Rumania y Bulgaria. Una gran parte de estas inversiones ha perdido casi todo su valor, al menos por el momento, especialmente las de Rusia y las de Austria-Hungría. Si se toma como referencia el valor actual de mercado, ninguno de estos valores es hoy realizable más que en cifras nominales, y, a menos que los aliados estén dispuestos a aceptarlos por una suma muy inferior a su valor nominal y a conservarlos para una eventual recuperación futura, no constituyen una fuente importante de ingresos para el pago inmediato.

	Libras
1892 Schmoller	500,000,000
1892 Christians	650,000,000
1893-1894 Koch	600,000,000
1905 V. Halle	800,000,000
1913 Helfferich	1,000,000,000
1914 Ballod	1,250,000,000
1914 Pistorius	1,250,000,000
1919 Hans David	1,050,000,000

3.a Aunque Alemania no estaba en condiciones de realizar durante la guerra inversiones en el extranjero en el grado en que nosotros lo estábamos, sí lo hizo, sin embargo, en ciertos países y hasta donde le fue posible. Se cree que, antes de que los Estados Unidos entraran en la guerra, Alemania vendió una gran parte de las mejores de sus inversiones en valores americanos; pero los cálculos habituales de estas ventas (se ha mencionado una cifra de 60,000,000) son probablemente exagerados.

Durante la guerra, y particularmente en su fase final, cuando su cambio estaba debilitado y su crédito en los países neutrales vecinos era muy reducido, dispuso la venta de todos los valores que Holanda, Suiza y Escandinavia pudieran adquirir o aceptar. Es cierto que, en junio de 1919, sus inversiones en estos países se habían reducido a cifras insignificantes, que estaban ampliamente superadas por las deudas que allí mantenía. Alemania vendió también ciertos valores de ultramar, tales como cédulas argentinas, para los que pudo encontrarse mercado.

Es cierto que, desde el Armisticio, ha salido de Alemania una gran parte de los valores extranjeros que aún quedaban en manos de particulares. Esto es sumamente difícil de impedir. Las inversiones alemanas en el extranjero están, por regla general, en forma de valores al portador, y no están registradas. Pasan con facilidad al extranjero a través de las extensas fronteras terrestres de Alemania, y es cierto que, desde algunos meses antes de la conclusión de la Paz, no se permitía a sus poseedores retenerlas, si los gobiernos aliados descubrían algún medio de incautarlas. Estos factores se combinaron para estimular el ingenio humano, y los esfuerzos, tanto de los gobiernos aliados como del Gobierno alemán, para intervenir eficazmente en esta fuga parecen haber sido completamente inútiles.

Dadas todas estas consideraciones, será casi un milagro que quede algo para las reparaciones. Los territorios de los aliados y de los Estados Unidos, los de los propios aliados de Alemania y los países neutrales limítrofes de Alemania forman, en conjunto, casi la totalidad del mundo civilizado; y, como hemos visto, no podemos esperar mucho para la reparación a partir de los valores de ninguno de ellos. No quedan, en verdad, países de importancia para las inversiones, salvo los de América del Sur.

Para expresar en números la importancia de estas deducciones se requiere una considerable labor de estimación. Ofrezco al lector el mejor cálculo personal que he podido elaborar después de haber examinado el asunto a la luz de cifras disponibles y de otros datos pertinentes.

He calculado las deducciones, según el epígrafe 1, en 300,000,000 de libras, de los cuales podrían quedar, en definitiva, 100,000,000 disponibles tras el pago de las deudas privadas, etc.

En cuanto al 2, según el censo aceptado por el ministro de Hacienda austríaco el 31 de diciembre de 1912, el valor nominal de los valores austrohúngaros en poder de los alemanes era de 197,300,000 libras. Las inversiones alemanas en Rusia, anteriores a la guerra, aparte de los valores del Gobierno, se han calculado en 95,000,000 de libras, cifra muy inferior a la esperada, y en 1906 Sartorius von Walterhausen calculaba las inversiones alemanas en valores del Gobierno ruso en 150,000,000 de libras. Esto arroja un total de 245,000,000 de libras, cifra que está, hasta cierto punto, confirmada por la de 200,000,000 dada en 1911 por el doctor Ischchanian, como cálculo deliberadamente prudente.

Un cálculo rumano, publicado cuando este país entró en la guerra, valoró las inversiones alemanas en Rumania en 4,000,000 a 4,500,000 de libras, de las cuales entre 2,800,000 y 3,200,000 correspondían a valores del Gobierno. Una asociación para la defensa de los intereses franceses en Turquía, según informó Le Temps el 8 de septiembre de 1919, calculó el capital alemán invertido en Turquía en aproximadamente 59,000,000 de libras, de las cuales, según el último informe del Consejo de Tenedores de Papel Extranjero, 32,500,000 pertenecían a nacionales alemanes en deuda exterior turca. No dispongo de ningún cálculo sobre las inversiones alemanas en Bulgaria. Me atrevo a estimar en 500,000,000 de libras el total de este grupo de países.

Calculo las ventas y pignoraciones de valores durante la guerra (epígrafe 3) entre 100,000,000 y 150,000,000 de libras, comprendiendo prácticamente todo lo que Alemania poseía en valores escandinavos, holandeses y suizos, una parte de sus valores sudamericanos y una parte de sus valores norteamericanos, vendidos antes de la entrada de los Estados Unidos en la guerra.

En cuanto a las deducciones exactas derivadas del capítulo IV, no existen, naturalmente, cifras precisas. Durante los últimos meses, la prensa europea ha estado llena de relatos sensacionalistas sobre los recursos utilizados. Pero si calculamos el importe de los valores que ya han salido de Alemania y de aquellos que se han ocultado dentro de ella de tal forma que no pueden ser descubiertos ni siquiera por los procedimientos más inquisitivos, en 100,000,000 de libras, difícilmente estaremos exagerando.

Según estas diversas partidas, deben deducirse de las disponibilidades de Alemania, en cifra redonda, unos 1,000,000,000, quedando un total, teóricamente valorable, de 250,000,000.

A algunos lectores esta cifra puede parecer reducida; pero debe recordarse que pretende representar únicamente el remanente de los valores vendibles sobre los que el Gobierno alemán puede disponer para fines públicos. A mi juicio, incluso esta cifra es excesiva, y aplicando un método distinto llego a una estimación aún más baja. Dejando de lado los valores secuestrados por los aliados y las inversiones en Austria, Rusia, etc., ¿qué masa concreta de valores, clasificados por países y empresas, puede conservar Alemania que alcance los 250,000,000 de libras? No puedo responder a esta pregunta.

Alemania posee algunos valores del Gobierno chino, que no han sido secuestrados; quizá unos pocos japoneses, y valores más importantes de propiedades sudamericanas de primera categoría. Pero quedan ya pocas empresas de este tipo en manos alemanas, y su valor se mide en una o dos decenas de millones, no en cincuentenas ni centenas. A mi juicio, quien pagara 100,000,000 en efectivo por el remanente de valores de ultramar aún en poder de Alemania sería un imprudente. Si la Comisión de reparaciones logra siquiera esta cifra modesta, es probable que deba conservar durante algunos años los títulos obtenidos, sin intentar colocarlos en el mercado actual.

Tenemos, pues, una cifra de 100,000,000 a 250,000,000 de libras como aportación máxima de Alemania en valores extranjeros.

Por tanto, su riqueza inmediatamente transferible se compone de:

a) Oro y plata: 60,000,000 de libras.

b) Barcos: 120,000,000 de libras.

c) Valores extranjeros: de 100,000,000 a 250,000,000 de libras.

No puede, en realidad, tomarse una porción considerable de oro y plata sin producir en el sistema monetario consecuencias perjudiciales para los intereses de los propios aliados. La aportación que la Comisión de reparaciones puede esperar obtener de todas estas fuentes, en conjunto, para mayo de 1921, puede estimarse entre 250,000,000 y 350,000,000 de libras, como máximo.

2. PROPIEDAD DE LOS TERRITORIOS CEDIDOS O ENTREGADOS POR EL ARMISTICIO

Según la redacción del Tratado, no se abonarán a Alemania créditos importantes para hacer frente a las reparaciones en atención a sus propiedades en territorio cedido.

La propiedad privada, en la mayor parte del territorio cedido, se utiliza para descargar la deuda de particulares alemanes, a favor de ciudadanos aliados, y sólo el excedente, si lo hay, se aplicará a las reparaciones. El valor de tales bienes en Polonia y en otros Estados nuevos se pagará directamente a los propietarios.

La propiedad del Gobierno en Alsacia-Lorena, en el territorio cedido a Bélgica, y en las antiguas colonias alemanas, transferidas a un mandatario, debe ser confiscada sin abonársele. Las construcciones, bosques y otras propiedades del Estado, que pertenecían al antiguo Reino de Polonia, se entregarán también sin que sean abonadas.

Quedan, por tanto, propiedades del Gobierno que no sean las anteriores, entregadas a Polonia; propiedades del Gobierno en el Schleswig, entregadas a Dinamarca; el valor de los yacimientos de carbón del Sarre, el valor de las escuadras fluviales, etc., que han de ser entregadas según el capítulo de puertos, canales y ferrocarriles, y el valor de los cables submarinos alemanes transferidos según el anexo 7 del capítulo de reparaciones.

Diga lo que quiera el Tratado, la Comisión de reparaciones no logrará ningún pago en dinero de Polonia. Creo que los campos carboníferos del Sarre se han valorado entre 15,000,000 y 20,000,000 de libras. Es un cálculo probablemente excesivo la cifra total de 30,000,000 de libras para todas las partidas citadas, prescindiendo del excedente relativo a la propiedad privada.

Queda el valor del material entregado según el Armisticio. El artículo 250 dispone que la Comisión de reparaciones abonará en el crédito de Alemania el importe del material móvil entregado a consecuencia del Armisticio, así como el de entregas específicas, y en general el de cualquier material así entregado, que la Comisión de reparaciones crea se puede acreditar por no tener valor militar. El material móvil (150,000 vagones y 5,000 locomotoras) es el único que tiene verdadero valor. Probablemente, es un cálculo amplio la cifra de 50,000,000 para todas las entregas del Armisticio.

Tenemos, pues, que añadir 80,000,000 de libras, en cuanto a este enunciado, a nuestra cifra de 250,000,000 a 350,000,000 del anterior. Esta cifra difiere de la precedente en que no representa una cantidad de numerario capaz de beneficiar la situación financiera de los aliados, sino que es tan sólo una cuenta de crédito entre ellos y Alemania.

El total de 330,000,000 a 430,000,000 de libras, ahora alcanzado, no es, sin embargo, aplicable a las reparaciones. El primer cargo que pesa sobre él, según el art. 251 del Tratado, es el coste de los ejércitos de ocupación, tanto durante el Armisticio como después de la conclusión de la Paz. El total de estos gastos hasta mayo de 1921 no puede calcularse hasta que se conozca la marcha de la retirada, puesto que ella reducirá el coste mensual desde más de 20,000,000, que es lo que se fijó durante la primera parte de 1919, a 1,000,000, que será la cifra normal probable. Yo calculo, sin embargo, que el total puede ser, aproximadamente, de 200,000,000 de libras, quedándonos, por tanto, de 100,000,000 a 200,000,000.

Aparte de esto, y aparte de las exportaciones de mercancías y de los pagos en especie, según el Tratado, anteriores a mayo de 1921 (los cuales aún no he tenido en cuenta), los aliados han alimentado la esperanza de Alemania de que se le permitiría recibir sumas para la compra de las provisiones necesarias y de materias primas que a su juicio fueran imprescindibles para ella. Ahora no es posible formar un juicio exacto ni del valor en dinero de las mercancías que Alemania necesitará comprar del extranjero para restablecer su vida económica, ni del grado de liberalidad con que los aliados ejercerán esta facultad. Si sus stocks de materias primas y de alimentos hubieran de restablecerse acercándose siquiera a su nivel normal, hada mayo de 1921, Alemania probablemente necesitaría una potencia adquisitiva en el extranjero de 100,000,000 a

200,000,000 de libras, por lo menos, además del valor de sus exportaciones corrientes.

Aunque no es probable que esto se permita, me atrevo a afirmar, como asunto fuera de toda discusión razonable, que la condición social y económica de Alemania no podrá probablemente tolerar un excedente de las exportaciones sobre las importaciones, durante el período anterior a mayo de 1921, y que se le tendrá que devolver el valor de todos los pagos en especie, con los cuales tiene que proveer a los aliados, según el Tratado, en forma de carbón, tintes, maderas u otros materiales, para ponerla en condiciones de pagar las importaciones indispensables para su existencia.

La Comisión de reparaciones no puede, por tanto, esperar ningún aumento de otro origen en la suma de 100,000,000 a 200,000,000 de libras que le hemos abonado hipotéticamente mediante la realización de la riqueza inmediatamente transferible de Alemania, el cálculo de los créditos debidos a Alemania, según el Tratado, y el pago del gasto de los ejércitos de ocupación.

Como Bélgica ha asegurado un Convenio privado con Francia, los Estados Unidos y Gran Bretaña, aparte del Tratado por el cual tienen que recibir, como satisfacción a sus reclamaciones, los primeros 100,000,000 disponibles para reparaciones, el resultado de todo ello es que Bélgica podrá, posiblemente, recibir sus 100,000,000 de libras hacia mayo de 1921; pero ninguno de los otros aliados tiene probabilidad de asegurar para aquella fecha ninguna contribución digna de mención. En todo caso, sería muy imprudente para los ministros de Hacienda fundar sus planes en otra hipótesis.

3. PAGOS ANUALES DISTRIBUIDOS EN VARIOS AÑOS

Es evidente que la capacidad de Alemania de preguerra para pagar un tributo anual al extranjero se ha visto disminuida por la pérdida casi total de sus colonias, de sus relaciones ultramarinas, de su marina mercante y de sus propiedades en el extranjero; por la cesión del 10 % de su territorio y de su población; de un tercio de su carbón y de tres cuartos de su mineral de hierro; por la muerte de dos millones de hombres en la mejor edad de la vida; por el hambre de su pueblo durante cuatro años; por la carga de una gran deuda de guerra; por la depreciación de su circulación a una séptima parte de su valor anterior; por la desagregación de sus aliados y sus territorios; por la revolución en el interior y el bolchevismo en sus fronteras, y por toda la ruina inconmensurable de vigor y de esperanzas de cuatro años de una guerra agotadora y una derrota final.

Supone uno que todo esto es evidente, y, sin embargo, la mayor parte de los cálculos de una gran indemnización por parte de Alemania dependen de la suposición de que está en situación de realizar en el porvenir un comercio mucho mayor del que ha hecho en el pasado.

Con el objeto de obtener una cifra, no es de gran interés que el pago se haga en moneda (o sea de cambio extranjero) o que se efectúe, en parte, en especie (carbón, tintes, maderas, etc.), según lo previene el Tratado. En todo caso, Alemania no podrá pagar sino merced a la exportación de determinadas mercancías, y el procedimiento para aplicar el valor de estas exportaciones a la cuenta de reparaciones es, relativamente, cuestión de detalle.

Nos perderíamos en meras hipótesis si no volviéramos, en cierto modo, a los primeros principios, y siempre que sea posible, a las estadísticas existentes. Es cierto que Alemania sólo puede hacer un pago anual, durante una serie de años, disminuyendo sus importaciones y aumentando sus exportaciones, esto es, aumentando el balance a su favor, que es el que tiene eficacia para efectuar pagos en el extranjero. Alemania no puede pagar a la larga en mercancías, y en mercancías solamente, sea proporcionando estas mercancías directamente a los aliados, o sea vendiéndolas a los neutrales, pasando los créditos que se vayan formando así de los neutrales a los aliados.

La base más sólida para calcular hasta qué punto puede llevarse este procedimiento se ha de encontrar en un análisis de los productos de su comercio antes de la guerra. Sólo sobre la base de tal análisis, complementado por algunos datos generales relativos a la total capacidad productora de riqueza del país, puede establecerse un supuesto racional en cuanto al grado máximo a que pueden llegar las exportaciones de Alemania para superar a sus importaciones.

En el año de 1913 las importaciones de Alemania ascendían a 538 millones de libras, y sus exportaciones a 505 millones, excluyendo el comercio de tránsito y el de metales preciosos. Es decir, que las importaciones excedían de las exportaciones en unos 33 millones de libras. Sin embargo, calculado el término medio de los cinco años que terminan en 1913, resulta que sus importaciones exceden de las exportaciones en una cantidad mucho mayor, esto es, en 74 millones de libras.

Se sigue, por tanto, que la totalidad del excedente de preguerra de Alemania, destinado a nuevas inversiones en el extranjero, procedía del interés de los valores extranjeros existentes y de las ganancias de sus barcos, Bancos en el extranjero, etc. Como ahora se le van a quitar sus propiedades extranjeras y su marina mercante, y como sus Bancos en el extranjero y otras diversas fuentes de ingreso del extranjero han sido destruidos, resulta que, sobre la base de las exportaciones e importaciones de preguerra, Alemania, lejos de tener un excedente con el que hacer el pago al extranjero, estará a punto de no poder sostenerse a sí misma.

Su primera tarea, por tanto, debe ser lograr el equilibrio del consumo y de la producción para cubrir este déficit. Todo ahorro en el uso de las mercancías importadas y todo estímulo de la exportación serán de gran valor para las reparaciones.

Dos tercios de la importación de Alemania y del comercio de exportación están enumerados bajo epígrafes separados en las siguientes tablas. Las consideraciones aplicables a las partidas enumeradas pueden aplicarse, más o menos, al tercio restante, que se compone de mercancías de menor importancia.

Estas tablas muestran que las exportaciones más importantes consistían en:

1. Mercancías de hierro, incluyendo hojalata en planchas (13,2 %).
2. Maquinaria, etc. (7,5 %).

Categoría	Valor (millones de libras)	% sobre el total
Mercancías de hierro (incluyendo hojalata, etc.)	66.13	13.2
Máquinas y piezas (incluyendo automóviles)	37.55	7.5
Carbón, coque y briquetas	35.34	7
Partidas de lana (incluyendo lana en bruto y lana tratada y vestidos)	29.4	5.9
Partidas de algodón (incluyendo algodón en bruto, hilos y análogos)	28.15	5.6
Subtotal	**196.57**	**39.2**
Cereales, etc. (incluyendo centeno, avena, trigo, lúpulo)	21.18	4.1
Cuero y artículos de cuero	15.47	3
Azúcar	13.2	2.6
Papel, etc.	13.1	2.6
Pieles	11.75	2.2
Artículos de electricidad (instalaciones, máquinas, lámparas, cables)	10.88	2.2
Artículos de seda	10.1	2
Tintes	9.76	1.9
Artículos de cobre	6.5	1.3
Juguetes	5.15	1
Caucho y objetos de caucho	4.27	0.9
Libros, mapas, música	3.71	0.8
Potasa	3.18	0.6
Cristal	3.14	0.6
Cloruro de potasio	2.91	0.6
Pianos, órganos, piezas sueltas	2.77	0.6
Cinc en bruto	2.74	0.5
Porcelana	2.53	0.5
Subtotal	**142.34**	**28**
Objetos diversos	165.92	32.8
TOTAL	**504.83**	**100**

I. Materias Primas

Categoría	Valor (millones de libras)	% sobre el total
Algodón	30.35	5.6
Cuero y pieles	24.86	4.6
Lana	23.67	4.4
Cobre	16.75	3.1
Carbón	13.66	2.5
Madera	11.6	2.2
Mineral de hierro	11.35	2.1
Pieles	9.35	1.7
Lino y semilla de lino	9.33	1.7
Salitre	8.55	1.6
Seda	7.9	1.5
Caucho	7.3	1.4
Yute	4.7	0.9
Petróleo	3.49	0.7
Estaño	2.91	0.5
Creta fosfórica	2.32	0.4
Aceite lubricante	2.29	0.4
Subtotal materias primas	**190.38**	**35.3**

II. Materias alimenticias, tabaco, etc.

Categoría	Valor (millones de libras)	% sobre el total
Cereales (trigo, cebada, centeno, arroz, maíz, avena, trébol)	65.51	12.2
Granos oleaginosos y tortas (comprendido aceite de palma, cacao, etc.)	20.53	3.8
Ganado grande y cerdos	14.62	2.8
Café	10.95	2
Huevos	9.7	1.8
Tabaco	6.7	1.2
Manteca	5.93	1.1
Caballos	5.81	1.1
Frutas	3.65	0.7
Pescado	2.99	0.6
Caza	2.8	0.5
Vino	2.67	0.5
Subtotal materias alimenticias	**151.86**	**28.3**

III.   Productos manufacturados

Categoría	Valor (millones de libras)	% sobre el total
Hilo de algodón y géneros de algodón	9.41	1.8
Hilo de lana y géneros de lana	7.57	1.4
Máquinas	4.02	0.7
Subtotal productos manufacturados	**21**	**3.9**

3. Carbón, coque y briquetas (7 %).
4. Artículos de lana, incluyendo lana en bruto y lana procesada (5,9 %); y
5. Artículos de algodón, incluyendo hilo de algodón, algodón hilado y algodón en bruto (5,6 %).

Estas cinco partidas suman el 39,2 % de la exportación total. Se observará que todas estas mercancías pertenecen a sectores en los que, antes de la guerra, la competencia entre Alemania y el Reino Unido era especialmente intensa. Si, por consiguiente, el volumen de tales exportaciones con destino a ultramar o a Europa aumenta de forma significativa, el efecto sobre el comercio de exportación británico será proporcionalmente grave.

En cuanto a dos de las categorías, esto es, las mercancías de algodón y de lana, el aumento de un determinado comercio de exportación depende de un incremento de la importación del material en bruto, puesto que Alemania no produce algodón ni, en términos prácticos, lana. Estos comercios no son, por consiguiente, susceptibles de expansión, a no ser que se concedan facilidades a Alemania para asegurarse estos materiales en bruto (lo cual solo puede hacerse a costa de los aliados) por encima del consumo de preguerra, y aun así, el aumento efectivo no es el valor total de las exportaciones, sino únicamente la diferencia entre el valor de las exportaciones manufacturadas y el del material en bruto importado.

En cuanto a las otras tres categorías, a saber, maquinaria, artículos de hierro y carbón, se ha privado a Alemania de la capacidad para aumentar sus exportaciones a causa de las cesiones de territorio en Polonia, Alta Silesia y Alsacia-Lorena. Como ya se ha indicado, estos distritos representan cerca de un tercio de la producción de carbón de Alemania. Pero también proporcionaban no menos de las tres cuartas partes de su consumo de mineral de hierro, el 38 % del de los altos hornos y el 9,5 % del de las fundiciones de hierro y acero. A no ser, por tanto, que Alsacia-Lorena y la Alta Silesia enviaran su mineral de hierro directamente a Alemania para ser transformado (lo que implicaría un aumento en las importaciones para el cual no podría encontrarse compensación), lejos de ser posible un aumento del comercio de exportación, será inevitable una reducción.

Siguen en la lista los cereales, artículos de cuero, azúcar, papel, pieles, artículos eléctricos, artículos de seda y tintes. Los cereales no constituyen una exportación neta, y están más que compensados por la importación de la misma mercancía. En cuanto al azúcar, cerca del 90 % de las exportaciones alemanas de preguerra se dirigían al Reino Unido. Un aumento de este comercio podría estimularse mediante la concesión de una preferencia en este país al azúcar alemán, o mediante un convenio por el cual el azúcar se aceptará como parte del pago de la indemnización en los mismos términos que se han propuesto para el carbón, los tintes, etc.

Las exportaciones de papel pueden ser también susceptibles de cierto aumento. Los artículos de cuero, las pieles y las sedas dependen de las importaciones correspondientes de la otra partida de la cuenta. Los artículos de seda compiten directamente con el comercio de Francia e Italia. Las restantes partidas son, en sí mismas, relativamente pequeñas. He oído sugerir que la indemnización podría pagarse en gran parte en potasa y productos análogos; pero la potasa, antes de la guerra, representaba solo el 0,6 % del comercio de exportación de Alemania, con un valor total de unos 3 millones de libras. Por otra parte, habiéndose asegurado Francia un yacimiento de potasa en el territorio que se le ha restituido, no vería con buenos ojos favorecer el estímulo de la exportación alemana de este material.

El examen de la lista de importaciones muestra que el 63,6 % corresponde a materiales en bruto y alimentos. Las principales partidas de la primera clase, esto es, algodón, lana, cobre, cuero, mineral de hierro, pieles, seda, caucho y estaño, no pueden reducirse de manera apreciable sin repercutir sobre el comercio de exportación, y tendrían que aumentarse si ha de crecer dicho comercio. Las importaciones de alimentos, esto es, trigo, cebada, café, huevos, arroz, maíz y otros productos similares, presentan un problema distinto. No es probable que, aparte de ciertos artículos de lujo, el consumo de alimentos por las clases trabajadoras alemanas antes de la guerra excediera de lo necesario para una productividad máxima; en realidad, probablemente era inferior.

Cualquier reducción importante en las importaciones de alimentos repercutiría inmediatamente en la productividad de la población industrial y, por consiguiente, en el volumen de la sobre exportación que se le exige producir. No puede pensarse en un aumento de la productividad de la industria alemana si los obreros están insuficientemente alimentados. Pero esto no es igualmente cierto en cuanto a la cebada, el café, los huevos y el tabaco. Si fuera posible implantar un régimen en el que, en adelante, ningún alemán bebiera cerveza ni café, ni fumara tabaco, podría lograrse un ahorro considerable. De otro modo, parece que existe poco margen para una economía sustancial.

El análisis siguiente de las exportaciones y de las importaciones alemanas, atendiendo a su destino y a su origen, resulta también revelador. De él se desprende que, de las exportaciones alemanas en 1913, el 18 % se dirigía al Imperio británico; el 17 %, a Francia, Italia y Bélgica; el 10 %, a Rusia y Rumania, y el 7 %, a los Estados Unidos; es decir, que más de la mitad de las exportaciones encontraban su mercado en los países de la Entente. Del resto, el 12 % se dirigía a Austria-Hungría, Turquía y Bulgaria, y el 35 % a otras regiones. Por consiguiente, a no ser que los aliados estén dispuestos a favorecer deliberadamente la exportación de productos alemanes, solo podrá producirse un aumento importante del volumen total mediante el acaparamiento completo de los mercados neutrales.

Comercio Exterior de Alemania

País / Región	Exportaciones: valor	Exportaciones: %	Importaciones: valor	Importaciones: %
Gran Bretaña	71.91	14.2	43.8	8.1
Indias Inglesas	7.53	1.5	27.04	5
Egipto	2.17	0.4	5.92	1.1
Canadá	3.02	0.6	3.2	0.6
Australia	4.42	0.9	14.8	2.8
África del Sur	2.34	0.5	3.48	0.6
Total Imperio británico	**91.39**	**18.1**	**98.24**	**18.2**
Francia	39.49	7.8	29.21	5.4
Bélgica	27.55	5.5	17.23	3.2
Italia	19.67	3.9	15.88	3
Estados Unidos	35.66	7.1	85.56	15.9
Rusia	44	8.7	71.23	13.2
Rumania	7	1.4	3.99	0.7
Austria-Hungría	55.24	10.9	41.36	7.7
Turquía	4.92	1	3.68	0.7
Bulgaria	1.51	0.3	0.4	0.1
Otros países	178.04	35.3	171.74	32
TOTAL	**504.47**	**100**	**538.52**	**100**

El análisis anterior ofrece algunas indicaciones sobre la posible magnitud de la modificación máxima del excedente de exportación de Alemania bajo las condiciones que prevalecerán después de la paz.

Bajo los supuestos siguientes: 1° Que no favorezcamos de manera especial a Alemania en su aprovisionamiento de ciertas materias primas, tales como algodón y lana, cuya producción mundial es limitada; 2° Que

Francia, habiendo asegurado los depósitos de mineral de hierro, haga un intento serio por asegurar también los altos hornos y el comercio del acero; 3° Que Alemania no sea estimulada ni asistida para competir con el comercio de hierro y otros productos de los aliados en el mercado de ultramar; y 4° Que no se conceda una preferencia significativa a las mercancías alemanas en el Imperio británico; siendo esto así, resulta evidente, según el examen de las partidas especificadas, que no se logrará gran cosa.

Volvamos otra vez sobre las principales partidas:

Artículos de hierro. En vista de la pérdida de recursos de Alemania, parece imposible un aumento neto de la exportación, y probable una gran disminución.

- Maquinaria. Es posible algún incremento.
- Carbón y coque. El valor de la exportación neta de Alemania antes de la guerra era de 22 millones de libras; los aliados han acordado que, por ahora, el máximo posible de exportación sea de 20 millones de toneladas, con un aumento incierto a 40 millones de toneladas en algún momento futuro. Aun sobre la base de 20 millones de toneladas, no se obtiene virtualmente ningún aumento de valor calculado a los precios de preguerra; mientras que, si este total se mantiene, debe producirse una disminución de considerable valor en la exportación de artículos manufacturados que requieren carbón para su producción.
- Artículos de lana. Es imposible un aumento sin disponer de lana en bruto y, teniendo en cuenta los demás pedidos de esta materia prima, es segura una disminución.
- Artículos de algodón. Son aplicables las mismas consideraciones que a la lana.
- Cereales. Nunca hubo ni puede haber una exportación neta.
- Artículos de cuero. Son aplicables las mismas consideraciones que a la lana.

Con lo anterior queda agotada cerca de la mitad de las exportaciones de Alemania antes de la guerra, y no existe ninguna otra mercancía que representara entonces ni siquiera el 3 % de sus exportaciones. ¿Con qué mercancía va a pagar? ¿Con tintes? Su valor total en 1913 era de 10 millones. ¿Con juguetes? ¿Con potasa? Las exportaciones en 1913 fueron de tres millones de libras. Y aun si pudieran señalarse ciertas mercancías, ¿en qué mercados se venderían? Recordemos que estamos hablando de mercancías cuyo valor no se mide en decenas, sino en centenares de millones anuales.

Llevemos nuestros supuestos tan lejos como sea posible, sin caer en lo absurdo, y supongamos que Alemania sea capaz de mejorar su balanza comercial en 100 millones de libras anuales, a precios de preguerra. Tras compensar el déficit medio anterior de 74 millones de libras, quedaría un saldo favorable de 50 millones de libras al año. Duplicando esta cifra para reflejar el aumento de precios, obtenemos una suma de 100 millones de libras.

Una cifra de esta magnitud, que permita un interés del 5 % y un 1 % para amortización del capital, representa una suma con un valor actual de 1,700 millones de libras.

Llego, por tanto, a la conclusión de que 2,000 millones de libras constituyen la cifra máxima de la capacidad de Alemania para pagar. Una potencialidad de 8,000 millones de libras, ni siquiera de 5,000, no se encuentra dentro de los límites de una posibilidad razonable.

No hay más que un capítulo en el cual veo la posibilidad de incrementar la cifra alcanzada, siguiendo la argumentación expuesta; esto es: que la mano de obra alemana se trasladara a los territorios devastados, dedicándola a las tareas de reconstrucción. He oído que un plan incompleto de este tipo estaba entonces sobre la mesa. La contribución adicional que así podría obtenerse depende del número de trabajadores que el Gobierno alemán sea capaz de sostener de este modo y, asimismo, del número que, durante un período de años, los habitantes belgas y franceses aceptaran entre ellos. En todo caso, parece muy difícil emplear en la actual labor de reconstrucción, aun solo durante algunos años, un volumen de trabajo importado cuyo valor neto actual exceda los 250,000,000 de libras; y aun esto no aportaría en la práctica un aumento neto a la contribución anual que habría de obtenerse por otros medios.

Una capacidad de 8,000,000,000 de libras, ni siquiera de 5,000,000,000, no se encuentra, por tanto, dentro de los límites de una posibilidad razonable. Quienes creen que Alemania puede efectuar un pago anual de cientos de millones de libras esterlinas son quienes deberían indicar con qué mercancías concretas se realizaría dicho pago y en qué mercados se venderían esas mercancías. Mientras no lo especifiquen ni sean capaces de aportar algún argumento tangible en favor de sus conclusiones, no merecen ser creídos.

Planteo tan solo tres condiciones, ninguna de las cuales afecta a la fuerza de mi argumento para los efectos prácticos inmediatos.

Primera. Si los aliados fomentaran el comercio y la industria de Alemania durante un período de cinco o diez años, proporcionándole grandes préstamos y abundantes barcos, alimentos y materias primas durante ese lapso, le abrieran mercados y le dedicaran deliberadamente todos sus recursos y su buena voluntad para convertirla en la mayor nación industrial de Europa, si no del mundo, probablemente podría obtenerse de ella una suma considerablemente mayor, porque Alemania es capaz de una productividad muy elevada.

Segunda. Al calcular en dinero, parto del supuesto de que no hay alteración en el poder adquisitivo de nuestra unidad de valor. Si el valor del oro descendiera a la mitad o a la décima parte de su valor presente, la carga real de un pago fijado en oro se reduciría proporcionalmente. Si un soberano de oro llegara a valer lo que hoy vale un chelín, entonces, naturalmente, Alemania podría pagar, medida en soberanos de oro, una suma mayor que la que he señalado.

Tercera. Supongo que no habrá una alteración notable en el rendimiento que la Naturaleza y la materia ofrecen al trabajo humano. No es imposible que los progresos de la ciencia pongan a nuestro alcance métodos y prácticas mediante los cuales el nivel de vida se eleve enormemente, y que un volumen dado de productos represente solo una fracción del esfuerzo humano que hoy representa. En ese caso, todas las formas de capacidad variarían en todas partes. Pero el hecho de que todo sea posible no constituye excusa para razonar de manera insensata.

Es cierto que en 1870 ningún hombre habría podido prever la capacidad de Alemania en 1910. No podemos legislar pensando en varias generaciones. Los cambios seculares en la condición económica del hombre, y la sujeción de la previsión humana al error, pueden conducirnos con igual probabilidad a equivocarnos en uno u otro sentido. Nosotros, como hombres razonables, no podemos hacer nada mejor que basar nuestra política en la evidencia y adaptarla a un plazo de cinco o diez años, hasta donde puede alcanzar nuestra previsión; y no erraremos si prescindimos de supuestos extremos sobre la existencia humana y de transformaciones revolucionarias en el orden de la Naturaleza o en la relación del hombre con ella. El hecho de no conocer con exactitud la capacidad de Alemania para pagar a lo largo de muchos años no justifica —como he oído sostener a algunos— afirmar que puede pagar 10,000,000,000 de libras.

¿Cómo ha llegado el mundo a creer las mentiras de los políticos? Si fuera necesaria una explicación, atribuiría esta especial credulidad, en parte, a las siguientes influencias:

En primer lugar, los enormes gastos de la guerra, la inflación de los precios y la depreciación de la circulación monetaria, al provocar una completa inestabilidad de la unidad de valor, nos han hecho perder todo sentido de número y magnitud en las cuestiones de Hacienda. Aquello que antes considerábamos límites de lo posible ha sido superado tan ampliamente, y quienes basaban sus cálculos en el pasado se han equivocado con tanta frecuencia, que el público está hoy dispuesto a creer casi cualquier cosa que se le diga con alguna apariencia de autoridad, y cuanto mayor es una cifra, con mayor facilidad la acepta.

Pero incluso quienes profundizan más en la materia se equivocan a veces, llevados por un autoengaño que resulta más comprensible en personas razonables. Estas pueden fundar sus conclusiones en el excedente total de la producción anual de Alemania, en lugar de hacerlo en su excedente de exportación. Helfferich calculó el aumento anual de la riqueza en 1913 entre 400,000,000 y 425,000,000 de libras (excluyendo el aumento del valor de la moneda, de la tierra y de la propiedad). Antes de la guerra, Alemania gastaba entre 50,000,000 y 100,000,000 en armamentos, gasto que ahora puede suprimir. ¿Por qué, entonces, no habría de pagar a los aliados una suma anual de 500,000,000 de libras? Esta es la formulación más fuerte y, al mismo tiempo, la más verosímil de esa argumentación.

Pero hay en ella dos errores. El primero es que los ahorros anuales de Alemania, después de lo que ha sufrido durante la guerra y en la paz, estarán muy por debajo de los que existían antes, y si se le extraen año tras año, en el futuro no podrán volver a alcanzar su nivel previo. Las pérdidas de Alsacia-Lorena, de Polonia y de la Alta Silesia no pueden estimarse, a efectos del excedente de productividad, en menos de 50,000,000 de libras anuales. Se supone que Alemania obtenía una ganancia anual de unos 100,000,000 de libras procedentes de sus barcos, de sus inversiones en el extranjero y de sus bancos y relaciones exteriores, todo lo cual le ha sido ahora arrebatado.

Su ahorro en armamentos queda, con mucho, neutralizado por la carga anual de las pensiones, calculadas en 250,000,000 de libras, que representan una pérdida real de capacidad productiva. Y aun dejando de lado la carga de la deuda interior, que asciende a 240,000,000 de marcos, por tratarse más bien de una cuestión de distribución interna que de productividad, todavía debemos contar con la deuda exterior contraída por Alemania durante la guerra, con el agotamiento de su reserva de materias primas, con la disminución de su ganado, con la productividad decreciente de su suelo por falta de abonos y de trabajo, y con la reducción de su riqueza por la ausencia de conservación y renovación durante un período cercano a cinco años. Alemania no es hoy tan rica como antes de la guerra, y la disminución de sus ahorros futuros por estos motivos, aun al margen de los factores ya citados, no puede estimarse en menos del 10 %, es decir, 40,000,000 de libras anuales.

Estos factores han reducido ya el excedente anual de Alemania a menos de los 100,000,000 de libras que habíamos obtenido, partiendo de otras bases, como máximo posible de sus pagos anuales. Y si se replica que no hemos concedido nada al descenso del nivel de vida y de bienestar en Alemania, que podría razonablemente imponerse al enemigo derrotado, subsistiría todavía un error fundamental en el método de cálculo. Un excedente anual aplicable a inversiones internas solo puede transformarse en un excedente destinado a la exportación al extranjero mediante un cambio profundo en el tipo de trabajo realizado.

Puede ocurrir que un trabajo sea útil y eficaz para los servicios internos de Alemania y no encuentre salida alguna en el comercio exterior.

Y volvemos así al mismo problema que apareció en nuestro examen del comercio de exportación: ¿en qué ramas del comercio exterior encontrará el trabajo alemán una salida significativamente ampliada? No es posible encauzar el trabajo hacia nuevas actividades sin pérdidas de productividad y sin un gasto considerable de capital. El excedente anual que el comercio alemán puede generar para mejoras internas no constituye, ni en teoría ni en la práctica, una medida del tributo anual que pueda pagarse al extranjero.

IV.   LA COMISIÓN DE REPARACIONES

Este cuerpo es un organismo tan singular, y puede, si funciona, ejercer una influencia tan extensa sobre la vida de Europa, que sus atribuciones merecen un examen independiente.

No existen precedentes para la indemnización impuesta a Alemania por el presente Tratado; las exacciones monetarias que formaban parte de los convenios posteriores a guerras anteriores habían diferido en dos aspectos fundamentales de ésta. La suma exigida había sido siempre determinada y expresada en una cantidad total de dinero, y mientras el vencido cumplía con las exigencias anuales del tributo, no era necesaria ninguna otra intervención.

Pero, por razones ya expuestas, las exacciones en el caso presente no están todavía determinadas y, cuando se fije la suma, resultará superior a lo que puede pagarse en moneda, y superior también a todo lo que pueda pagarse por cualquier medio. Era necesario, por tanto, organizar un cuerpo, crear un organismo que formulara la cuenta de reclamaciones, fijara la forma del pago y concediera las rebajas y plazos necesarios. No había otro medio que colocar a este organismo en condiciones de obtener la mayor cantidad posible año tras año, otorgándole un amplio poder sobre la vida económica interna de los países enemigos, que habrán de ser tratados en adelante como Estados en quiebra, administrados por y para beneficio de los acreedores. Pero, de hecho, sus poderes y funciones se han ampliado aún más de lo que era necesario para este propósito, y la Comisión de Reparaciones ha quedado establecida como árbitro último en numerosos asuntos económicos y financieros que era conveniente no resolver en el propio Tratado.

Los poderes y la constitución de la Comisión de Reparaciones están fundamentalmente establecidos en los artículos 233 a 241 y en el anexo 2.º del capítulo de reparaciones del Tratado con Alemania. Pero la misma Comisión habrá de ejercer autoridad sobre Austria y Bulgaria y, posiblemente, sobre Hungría y Turquía, cuando se haga la paz con estos países. Existen, por tanto, artículos análogos, *mutatis mutandis*, en el Tratado con Austria y en el Tratado con Bulgaria.

Los principales aliados están representados cada uno por un delegado jefe. Los delegados de los Estados Unidos, Gran Bretaña, Francia e Italia toman parte en todas las actuaciones; el delegado de Bélgica, en todas las actuaciones, excepto en aquellas a las que asisten los delegados del Japón o del Estado Servio-Croata-Eslovaco; el delegado del Japón, en todos los debates que afecten a cuestiones marítimas o específicamente japonesas; y el delegado del Estado Servio-Croata-Eslovaco, cuando las cuestiones relativas a Austria, Hungría o Bulgaria estén sometidas a discusión. Los demás aliados estarán representados por delegados sin derecho a voto, siempre que sus reclamaciones e intereses respectivos estén bajo examen.

En general, la Comisión decide por mayoría de votos, excepto en ciertos casos especiales en los que se requiere unanimidad, entre los cuales los más importantes son la cancelación de la deuda alemana, la prórroga de los plazos y la venta de los bonos de deuda alemana. La Comisión está dotada de plena autoridad ejecutiva para llevar a cabo sus decisiones. Puede organizar un Comité Ejecutivo y delegar autoridad en sus funcionarios. La Comisión y su cuerpo de funcionarios gozan de privilegios diplomáticos, y sus sueldos serán pagados por Alemania, que, pese a ello, no tendrá voz alguna en su designación. Si la Comisión ha de cumplir adecuadamente sus numerosas funciones, deberá establecer una amplia organización burocrática multilingüe con cientos de funcionarios. A esta organización, cuyo cuartel general estará en París, se confía el destino económico de la Europa central.

Sus principales funciones son las siguientes:

1. La Comisión determinará la cifra exacta de la reclamación contra las Potencias enemigas mediante un examen detallado de las reclamaciones de cada uno de los aliados, conforme al anexo 1.º del capítulo de reparaciones. Esta tarea deberá estar concluida en mayo de 1921. Dará al Gobierno alemán y a los aliados de Alemania la oportuna «ocasión de ser oídos, pero no de tomar parte en las decisiones de la Comisión». Es decir, la Comisión actuará como juez y parte simultáneamente.

2. Determinadas las reclamaciones, fijará una tabla de pagos destinada a cubrir toda la suma, con intereses, dentro de un plazo de treinta años. Periódicamente, con el objeto de modificar esta tabla dentro de los límites de lo posible, «tendrá en consideración los recursos y la capacidad de Alemania..., dando a sus representantes la oportuna ocasión de ser oídos».

«Al calcular periódicamente la capacidad de pago de Alemania, la Comisión examinará el sistema alemán de impuestos; primero, con el fin de que las sumas destinadas a reparaciones que Alemania está obligada a pagar tengan prioridad sobre las destinadas al pago de cualquier empréstito interno; y, en segundo lugar, para asegurarse de que, en general, el sistema alemán de impuestos sea proporcionalmente tan gravoso como el de cualquiera de las Potencias representadas en la Comisión.»

3. Hasta mayo de 1921, la Comisión tiene facultades, con el fin de asegurar el pago de 1,000,000,000 de libras, para exigir la entrega de cualquier porción de bienes alemanes, dondequiera que se encuentren; es decir, «Alemania pagará en los plazos y de la forma —sea en oro, mercancías, barcos, valores o de cualquier otro modo— que pueda fijar la Comisión de Reparaciones».

4. La Comisión decidirá qué derechos e intereses de nacionales alemanes en empresas de utilidad pública que operen en Rusia, China, Turquía, Austria-Hungría y Bulgaria, o en cualquier territorio que anteriormente perteneciera a Alemania o a sus asociados, habrán de ser expropiados y transferidos a la propia Comisión; fijará el valor de los intereses así transferidos y distribuirá el remanente.

5. La Comisión determinará qué cantidad de los recursos así obtenidos de Alemania deberá devolvérsele, con el fin de sostener un nivel suficiente de actividad en su organización económica que le permita continuar efectuando en el futuro los pagos de reparación.

6. La Comisión fijará el valor, sin posibilidad de apelación ni arbitraje, de la propiedad y de los derechos cedidos por el Armisticio y por el Tratado: material móvil, marina mercante, escuadras fluviales, ganados, minas del Sarre, propiedad cedida en territorios transferidos por la cual se concede crédito, y otros.

7. La Comisión determinará las sumas y valores, dentro de ciertos límites establecidos, de las entregas que Alemania habrá de efectuar en especie año tras año, conforme a los distintos anexos del capítulo de reparaciones.

8. La Comisión velará por la restitución, por parte de Alemania, de la propiedad que pueda ser identificada.

9. La Comisión recibirá, administrará y distribuirá todos los pagos hechos por Alemania, ya sea en dinero o en especie. Emitirá también y negociará los títulos de deuda alemana.

10. La Comisión asignará la parte de la deuda pública de preguerra que deba ser imputada a los territorios cedidos del Schleswig, Polonia, Dantzig y Alta Silesia. La Comisión distribuirá también la deuda pública del antiguo Imperio austrohúngaro entre sus entidades constituyentes.

11. La Comisión liquidará el Banco austrohúngaro y supervisará la supresión y sustitución del sistema monetario del extinto Imperio austrohúngaro.

12. La Comisión informará, si a su juicio Alemania no cumple sus obligaciones, y recomendará los métodos para obligarla.

13. En general, la Comisión, actuando mediante un cuerpo subordinado, realizará las mismas funciones para Austria y Bulgaria que para Alemania, y es previsible que también para Hungría y Turquía.

También se han asignado a la Comisión otros muchos deberes relativamente secundarios. La anterior enumeración, sin embargo, muestra con claridad el fin y la importancia de su autoridad. Esta autoridad adquiere un significado mucho mayor por el hecho de que las exigencias del Tratado superan generalmente la capacidad de Alemania y, por tanto, las cláusulas que permiten a la Comisión hacer reducciones —si a su juicio lo exigen las consideraciones económicas de Alemania— la convertirán, en muchos casos, en el árbitro de la vida económica alemana. La Comisión no solo debe investigar la capacidad general de Alemania para pagar y decidir, en los primeros años, la importación de alimentos y materias primas indispensables, sino que está autorizada para ejercer presión sobre el sistema alemán de impuestos (anexo 2.º, párrafo 12 b) y sobre los gastos del Estado, con el fin de asegurarse de que los pagos por reparación constituyan el gravamen prioritario sobre todos los recursos del país; y habrá de decidir, en consecuencia, sobre la vida económica alemana, sobre las demandas de maquinaria, ganado, etc., y sobre las entregas de carbón.

Por el artículo 240 del Tratado, Alemania reconoce expresamente a la Comisión y sus poderes, «que puede ser constituida por los gobiernos aliados y asociados», y acepta irrevocablemente la posesión y el ejercicio, por dicha Comisión, del poder y de la autoridad que se le confiere conforme al presente Tratado. Se compromete a proporcionar a la Comisión toda la información necesaria. Y, finalmente, en el artículo 241, «Alemania se compromete a aceptar, promulgar y mantener en vigor toda ley, orden y decreto que sean necesarios para dar plena efectividad a estas decisiones».

Los comentarios que sobre este punto formuló la Comisión financiera alemana en Versalles no constituían ninguna exageración:

> Así se aniquila la democracia alemana en el preciso momento en que el pueblo alemán estaba a punto de organizarla tras una dura lucha, y es aniquilada por aquellos mismos que durante la guerra no se cansaron de proclamar que aspiraban a darnos la democracia… Alemania dejará de ser un pueblo y un Estado, para convertirse en una empresa comercial puesta por sus acreedores en manos de un recaudador, sin concedérsele siquiera

la ocasión de demostrar su voluntad de cumplir espontáneamente sus obligaciones. Esa Comisión, cuyo cuartel permanente estará fuera de Alemania, ejercerá sobre el país derechos incomparablemente mayores que los que jamás tuvo el Emperador; el pueblo alemán, bajo este régimen, quedará durante décadas privado de todo derecho y, en una medida muy superior a la sufrida por cualquier pueblo en los días del absolutismo, de toda independencia de acción, de toda aspiración individual de progreso económico e incluso de progreso moral.

En su contestación a estas observaciones, los aliados se negaron a reconocer que en ellas hubiera fundamento, sustancia o fuerza. Las observaciones de la delegación alemana —afirmaron— ofrecen una opinión sobre esta Comisión tan distorsionada e inexacta, que cuesta creer que se hayan examinado de forma serena y cuidadosa las cláusulas del Tratado. No se trata de una máquina de opresión ni de un medio para intervenir en la soberanía alemana. No dispone de fuerzas propias ni posee poderes ejecutivos dentro del territorio alemán; no puede, como se sugiere, dirigir ni controlar la educación ni otros ámbitos de la vida nacional. Su misión es fijar lo que debe pagarse, asegurarse de que Alemania puede hacerlo y dirigirse a las Potencias a las que representa en caso de incumplimiento. Si Alemania obtiene el dinero necesario por medios propios, la Comisión no puede ordenar que lo obtenga de otra manera; si Alemania ofrece el pago en especie, la Comisión puede aceptarlo; pero, salvo lo expresamente determinado en el Tratado, no puede exigirlo.

Esta no es una exposición ingenua de la finalidad real del poder de la Comisión de Reparaciones, como se advierte al comparar estos términos con el resumen anterior o con el propio Tratado. Así, por ejemplo, la afirmación de que la Comisión «no tiene fuerzas a su disposición» resulta difícil de sostener a la luz del artículo 430 del Tratado, que establece:

> En el caso de que, ya durante la ocupación o después de transcurridos los quince años señalados, la Comisión de Reparaciones estime que Alemania se niega a cumplir total o parcialmente sus obligaciones conforme al presente Tratado en materia de reparaciones, la totalidad o parte de los territorios especificados en el artículo 429 serán reocupados inmediatamente por las Potencias aliadas y asociadas.

La determinación de si Alemania ha cumplido sus compromisos, o de si le es posible cumplirlos, queda, como se observa, no al arbitrio de la Sociedad de Naciones, sino al de la propia Comisión de Reparaciones; y una determinación negativa será seguida de inmediato por el uso de la fuerza armada. Además, la minimización de los poderes de la Comisión, intentada en la contestación aliada, procede claramente en gran parte de la suposición de que Alemania pueda «obtener el dinero requerido mediante procedimientos propios», en cuyo caso es cierto que muchos de los poderes de la Comisión no tendrían efecto práctico; pero resulta igualmente evidente que una de las principales razones para crear la Comisión ha sido precisamente la convicción de que Alemania no será capaz de soportar la carga que, en teoría, se le ha impuesto.

Se cuenta que, al oír el pueblo de Viena que una sección de la Comisión de Reparaciones estaba a punto de visitarlo, había puesto en ella sus esperanzas. Era sabido que un organismo financiero no podía extraer nada de ellos, porque nada tenían; por tanto, aquel organismo debía proponerse, sin duda, auxiliarlos y socorrerlos. Así razonaban los vieneses, aunque con una vaga sospecha de lo contrario. Pero acaso tengan razón. La Comisión de Reparaciones habrá de familiarizarse con los problemas de Europa y asumirá una responsabilidad proporcional a sus poderes. Puede, pues, llegar a desempeñar un papel muy distinto del que le han asignado algunos de sus autores. Asimilada a la Sociedad de Naciones, como órgano de justicia y no meramente de intereses, ¿quién sabe si, con un cambio de espíritu y de finalidad, la Comisión de Reparaciones podrá aún transformarse de instrumento de opresión y rapiña en un Consejo Económico de Europa, cuyo objetivo sea la restauración de la vida y de la felicidad, incluso en los países enemigos?

V.   LAS CONTRAPOSICIONES ALEMANAS

Las contraposiciones alemanas fueron bastante oscuras y claramente insinceras. Debe recordarse que aquellas cláusulas del capítulo de reparaciones que trataban de la emisión de bonos por Alemania produjeron en la opinión pública la impresión de que la indemnización se había fijado en 5,000 millones, o, en todo caso, en esta cifra como mínimo. La delegación alemana trató, por tanto, de formular su réplica sobre la base de esta cifra, suponiendo, al parecer, que la opinión pública en los países aliados no se satisfaría con menos que con la apariencia de 5,000 millones de libras; y como no estaban realmente preparados para ofrecer una cifra tan alta, hicieron trabajar su ingenio para producir una fórmula que pudiera presentarse ante la opinión aliada como si alcanzase ese total, aunque en realidad fuera una suma mucho más reducida. La fórmula era clara para cualquiera que la leyera cuidadosamente y conociera los hechos, y resultaba difícil que sus autores esperaran engañar a los negociadores aliados.

La táctica alemana partía, pues, del supuesto de que estos últimos estaban en el fondo tan ansiosos como los propios alemanes de llegar a un arreglo que tuviera alguna realidad práctica y que, desde luego, desearían, en vista de las dificultades que ellos mismos se habían creado con sus pueblos, realizar una pequeña concesión al redactar el Tratado, suposición que, en otras circunstancias, hubiera acaso tenido fundamento. Tal y como estaban las cosas entonces, esta sutileza no los benefició, y habrían logrado mucho más ofreciendo un cálculo honesto y transparente de lo que creían que era el total de sus responsabilidades, por un lado, y de su capacidad para pagar, por otro.

La oferta alemana de la pretendida suma de 5,000 millones de libras consistía en lo siguiente. En primer lugar, estaba condicionada a profundas concesiones en el Tratado, asegurando que Alemania conservaría la integridad territorial correspondiente a la Convención del Armisticio; que conservaría sus posesiones coloniales y su marina mercante, incluso la de gran tonelaje; que en su propio país y en el mundo gozaría de la misma libertad de acción que los demás pueblos; que toda la legislación de guerra sería abolida de inmediato, y que todas las intervenciones que durante la guerra habían afectado a sus derechos económicos y a la propiedad privada alemana serían tratadas conforme al principio de reciprocidad. Es decir, la oferta era condicional, pues implicaba el abandono de la mayor parte del resto del Tratado.

En segundo lugar, las reclamaciones no excederían de un máximo de 5,000 millones de libras, de los cuales 1,000 millones se entregarían el 1.º de mayo de 1926, y ninguna parte de esta suma devengaría interés mientras estuviera pendiente de pago. En tercer lugar, se deducirían de ella, entre otras cosas: a) el valor de todas las entregas realizadas conforme al Armisticio, incluido el material militar (por ejemplo, la escuadra alemana); b) el valor de todos los ferrocarriles y de la propiedad del Estado en los territorios cedidos; c) la parte equivalente de la deuda pública alemana de todos los territorios cedidos (incluida la deuda de guerra), así como los pagos de reparaciones que tales territorios habrían tenido que soportar si hubieran seguido formando parte de Alemania; y d) el valor de la cesión de las reclamaciones de Alemania por las sumas prestadas por ella a sus aliados durante la guerra.

Los créditos que debían deducirse, según los párrafos a), b), c) y d), podrían exceder a los concedidos en el Tratado vigente, según un cálculo aproximado, en una suma de 2,000 millones, aunque la cantidad correspondiente al párrafo d) resulta difícil de estimar.

Si, por tanto, hemos de apreciar el valor real de la oferta alemana de 5,000 millones de libras conforme a la base establecida por el Tratado, debemos, ante todo, deducir los 2,000 millones exigidos por compensaciones que el Tratado no autoriza, y después reducir a la mitad el resto, con el fin de obtener el valor actual de un pago diferido sobre el cual no se carga interés. Esto reduce la proposición a 1,500 millones de libras, en lugar de los 8,000 millones que, según mi cálculo aproximado, exige el Tratado.

Esta oferta era en sí misma significativa; es cierto que suscitó en Alemania críticas generales, aunque, en vista de la condición que exigía el abandono de la mayor parte del resto del Tratado, no podía considerarse una oferta seria. Pero la delegación alemana habría actuado mejor afirmando, en un lenguaje menos ambiguo, hasta dónde se sentía capaz de llegar.

En la réplica final de los aliados a esta contraposición aparece una disposición importante, a la que hasta ahora no había prestado atención, pero que debe examinarse aquí. En términos generales, el capítulo de reparaciones, tal como se redactó originalmente, no establecía concesiones; pero los aliados reconocieron los inconvenientes de la indeterminación de la carga impuesta a Alemania y propusieron un método por el cual la reclamación total definitiva podría fijarse en una fecha anterior al 1.º de mayo de 1921. Prometieron, pues, que en cualquier momento, dentro de los cuatro meses posteriores a la firma del Tratado —esto es, antes de fines de octubre de 1919— Alemania quedaría en libertad de formular una oferta de una suma global para el arreglo de toda su responsabilidad, según la definía el Tratado, y que dentro de los dos meses siguientes —es decir, antes de fines de 1919— los aliados «responderían, en la medida de lo posible, a cualquiera de las proposiciones que se hubieran presentado».

Esta oferta quedaba sometida a tres condiciones: «Primera, las autoridades alemanas conferenciarán con los representantes de las Potencias directamente interesadas antes de formular tales proposiciones. Segunda, dichas ofertas no deberán ser ambiguas, sino precisas y claras. Tercera, deberán aceptar las categorías y cláusulas de la reparación como asuntos ya terminados y fuera de discusión».

La oferta, tal como se formuló, no parece tomar en cuenta el problema de la capacidad de Alemania para pagar. Se limita a referirse a la fijación de la cuenta total de reclamaciones tal como queda establecida en el Tratado, ya sea, por ejemplo, de 7,000 millones, 8,000 millones o 10,000 millones de libras. «Las preguntas —añade la réplica de los aliados— son simples cuestiones de hecho, es decir, del monto de las responsabilidades, y pueden tratarse como tales».

Si las negociaciones prometidas se desarrollan realmente por este camino, no es probable que resulten fructíferas. No será mucho más fácil llegar a una cifra acordada antes de fines de 1919 de lo que lo fue durante la Conferencia; ni mejorará la posición financiera de Alemania el saber con certeza que es responsable de una suma tan desmesurada como la que, según todos los cálculos, resultará del Tratado. Estas negociaciones ofrecerán, sin embargo, una oportunidad para reabrir toda la cuestión de los pagos por reparaciones, aunque difícilmente puede esperarse que, en una fecha tan próxima, la opinión pública de los países aliados haya modificado lo suficiente su actitud.

No puedo abandonar este tema como si la manera justa de tratarlo dependiera exclusivamente de nuestros compromisos o de hechos económicos. La política de reducir a Alemania a la servidumbre durante una generación, de envilecer la vida de millones de seres humanos y de privar a toda una nación de felicidad sería repugnante y detestable, aun cuando fuera posible, aun cuando nos enriqueciera, aun cuando no sembrara la decadencia de toda la vida civilizada de Europa. Algunos la defienden en nombre de la justicia. Pero en los grandes acontecimientos de la historia humana, en el desarrollo del destino complejo de las naciones, la justicia no es tan simple. Y aun si lo fuera, las naciones no están autorizadas, ni por la religión ni por la moral natural, a castigar en los hijos de sus enemigos los crímenes de sus padres o de sus gobernantes.

CAPÍTULO VI : EUROPA DESPUÉS DEL TRATADO

Este capítulo será el del desencanto. El Tratado no incluye ninguna disposición para lograr la recuperación económica de Europa; nada para colocar a los Imperios centrales derrotados entre vecinos cooperativos; nada para dar estabilidad a los nuevos Estados europeos; nada para reintegrar a Rusia, ni promueve en forma alguna una solidaridad económica real entre los propios aliados. En París no se logró ningún arreglo para restaurar la Hacienda desorganizada de Francia e Italia, ni para armonizar los sistemas del Viejo y el Nuevo Mundo.

El Consejo de los Cuatro no prestó atención a estos problemas, por estar preocupado con otros: Clemenceau, con asfixiar la vida económica de su enemigo; Lloyd George, con hacer algo y llevar a casa algún logro que durara una semana; el presidente, con no hacer nada que no fuera justo y recto. Es un hecho llamativo que, teniendo ante sus ojos el problema económico fundamental de una Europa hambrienta y devastada, esta fuera la única cuestión sobre la cual resultó imposible despertar el interés de los Cuatro. Las reparaciones fueron su única incursión en el campo económico, y las resolvieron como un problema de dogma, de política y de táctica electoral, desde todos los puntos de vista, excepto el del porvenir económico de los Estados cuyos destinos tenían en sus manos.

Dejemos, a partir de este punto, París, la Conferencia y el Tratado, para considerar brevemente la situación económica de Europa tal como la han creado la guerra y la paz; y no me propondré, en adelante, distinguir entre los frutos inevitables de la guerra y las desgracias evitables de la paz.

Expreso sencillamente los hechos esenciales de la situación tal como los veo. Europa es el núcleo más concentrado de población conocido en la historia del mundo. Esta población está acostumbrada a un nivel de vida relativamente elevado, que aún hoy muchos de sus elementos esperan mejorar y no empeorar. Comparada con otros continentes, Europa no se basta a sí misma; en particular, no puede alimentarse por completo. La población no está distribuida de manera uniforme, sino que una gran parte se concentra en un número relativamente pequeño de centros industriales densamente poblados. Esta población había asegurado su subsistencia antes de la guerra, sin un gran margen de excedente, mediante una organización delicada y extraordinariamente compleja, cuyas bases eran el carbón, el hierro, los transportes y una provisión ininterrumpida de alimentos y materias primas importadas de otros continentes. La destrucción de esta organización y la interrupción del flujo de aprovisionamientos privan a una parte de esta población de sus medios de vida.

Ese excedente no puede emigrar. Se necesitarían años para transportarlo por mar, aun cuando —lo que no ocurre— existieran países dispuestos a recibirlo. El peligro que nos amenaza, por tanto, es el descenso rápido del nivel de vida de las poblaciones europeas, hasta llegar, para algunas, al hambre (punto al que ya se ha llegado en Rusia y al que pronto se llegará en Austria). Pero los hombres no siempre mueren en silencio. Porque el hambre, que conduce a algunos al letargo y a la desesperación pasiva, empuja a otros temperamentos hacia la inquietud nerviosa del histerismo y a la desesperación violenta. Y estos, en su miseria, pueden terminar por trastornar los restos de organización y hundir la civilización entera en intentos desesperados por satisfacer las necesidades más urgentes del individuo. Este es el peligro contra el cual debemos unir ahora todos nuestros recursos, nuestro valor y nuestro idealismo.

El 13 de mayo de 1919, el conde Brockdorff-Rantzau dirigió a la Conferencia de las Potencias aliadas y asociadas el informe de la Comisión económica alemana encargada de estudiar el efecto causado por las condiciones de la paz sobre la situación de la población alemana.

En el curso de las dos últimas generaciones —informaban— Alemania se ha transformado de Estado agrícola en Estado industrial. Mientras fue un Estado agrícola, Alemania pudo alimentar a 40 millones de habitantes. Como Estado industrial, puede asegurar los medios de subsistencia para una población de 77 millones; y en 1913, la importación de alimentos ascendía, en cifras redondas, a 12 millones de toneladas. Antes de la guerra, 15 millones de personas aseguraban su existencia en Alemania mediante el comercio exterior, la navegación y el uso directo o indirecto de materias primas extranjeras.

Después de reproducir las principales disposiciones del Tratado de Paz, el informe continúa:

Después de esta disminución de su producción, después de la depresión económica resultante de la pérdida de sus colonias, su flota mercante y sus inversiones en el extranjero, Alemania no estará en condiciones de importar la cantidad necesaria de materias primas. Una parte enorme de la industria alemana quedará, por tanto, condenada a una destrucción inevitable. La necesidad de importar alimentos aumentará considerablemente, al mismo tiempo que disminuirá de forma drástica la posibilidad de satisfacer esa necesidad. En consecuencia, en breve Alemania no estará en condiciones de dar pan y trabajo a muchos millones de habitantes, que quedarán imposibilitados de ganarse la vida en la navegación y el comercio. Estas personas podrían emigrar; pero esto es materialmente imposible, porque muchos países —y los más importantes— se opondrían a toda inmigración alemana. Ejecutar las condiciones de la paz implicaría, por tanto, la pérdida de varios millones de personas en Alemania. Esta catástrofe no tardará en producirse, puesto que la salud de la población se ha debilitado durante la guerra por el bloqueo y, durante el Armisticio, por la intensificación del hambre. Ningún auxilio, por grande que fuera, ni por prolongado que fuese, podría impedir estas muertes en masa. No sabemos —y en realidad dudamos— si los delegados de las Potencias aliadas y asociadas se harán cargo de las consecuencias inevitables que se producirán si Alemania, Estado industrial densamente poblado e íntimamente ligado al sistema económico mundial, dependiente de grandes importaciones de materias primas y alimentos, se ve forzada de pronto a retroceder a una fase económica correspondiente a su población y estructura de hace medio siglo. Quienes firmen este Tratado firmarán la sentencia de muerte de millones de alemanes, hombres, mujeres y niños.

No conozco ninguna respuesta satisfactoria a estas palabras. La acusación es, al menos, igual de válida en lo que respecta al arreglo con Austria.

Este es el problema fundamental que se nos plantea, y frente a él, las cuestiones de ajustes territoriales y del equilibrio de las Potencias europeas resultan secundarias. Algunas de las grandes catástrofes de la Historia que han retrasado el progreso humano durante siglos se han debido a las reacciones provocadas por la desaparición repentina —ya por causas naturales, ya por actos humanos— de condiciones favorables temporales que habían permitido el crecimiento de la población más allá de lo que hubiera sido posible sin ellas.

Los rasgos que definen la situación inmediata pueden agruparse en tres apartados: 1.º, el hundimiento casi total de la productividad interior de Europa; 2.º, la ruina del transporte y del sistema de intercambios que permitían llevar los productos cuando y donde más se necesitaban; y 3.º, la incapacidad de Europa para adquirir provisiones de ultramar.

El descenso de la productividad no puede medirse con precisión y puede dar lugar a exageraciones. Sin embargo, su evidencia prima facie es abrumadora, y este factor ha sido el principal argumento de las advertencias prudentes formuladas por Mr. Hoover. Lo han provocado múltiples causas: el prolongado desorden interno en Rusia y Hungría; la creación de nuevos Estados y su inexperiencia para reanudar relaciones económicas, como en Polonia y Checoslovaquia; la disminución general del trabajo debido a las pérdidas humanas y a la prolongación de la movilización; el descenso de la productividad causado por la alimentación insuficiente en los Imperios centrales; el agotamiento del suelo por la falta de abonos artificiales durante la guerra; y la inquietud de ánimo en las clases obreras, generada por los problemas económicos fundamentales del momento. Pero, por encima de todo ello, según Mr. Hoover, «existe una gran disminución de las fuerzas, reflejo del agotamiento físico de amplios sectores de la población, causado por las privaciones y por la fatiga espiritual y corporal de la guerra».

Muchas personas se encuentran, por una u otra razón, sin empleo. Según Mr. Hoover, un informe de las oficinas de colocación de Europa en julio de 1919 indicaba que 15 millones de familias recibían subsidios por desempleo, en una u otra forma, financiados principalmente mediante una inflación constante de la circulación monetaria. En Alemania debe añadirse el desaliento que afecta tanto al trabajo como al capital, producido por la convicción de que, si se aplican literalmente los términos de la reparación, todo lo que puedan generar por encima del mínimo indispensable para subsistir les será arrebatado durante años.

Los datos exactos de que disponemos no añaden mucho a la descripción general de la depresión. No obstante, recordaré al lector uno o dos de ellos. La producción total de carbón en Europa se calcula que ha descendido en un 30 %, y del carbón dependen la mayor parte de las industrias europeas y todo el sistema de transportes. Mientras que antes de la guerra Alemania producía el 85 % de los alimentos que consumían sus habitantes, ahora la productividad del suelo ha disminuido en un 40 %, y la calidad efectiva de su ganado, en un 55 %.

Entre los países europeos que antes contaban con un amplio excedente exportable, Rusia, tanto por la deficiencia de sus transportes como por la disminución de su producción, corre el riesgo de morir de hambre. Hungría, además de otras perturbaciones, fue saqueada inmediatamente después de la cosecha por los rumanos. Austria consumió toda su cosecha de 1919 antes de que concluyera el año. Las cifras llegan a resultar tan abrumadoras que casi pierden su capacidad de convicción; si no fueran tan absolutamente negativas, nuestra confianza en ellas quizá sería mayor.

Pero aun cuando se dispusiera del carbón y se lograra recoger el grano, la ruina del sistema ferroviario europeo impide su transporte; y aun cuando las mercancías puedan fabricarse, la quiebra del sistema europeo de circulación monetaria impide su venta. He descrito ya las pérdidas causadas al sistema de transportes alemán por la guerra y por las entregas impuestas en el Armisticio. Sin embargo, incluso así, la situación de Alemania —teniendo en cuenta su capacidad de reposición industrial— quizá no sea tan grave como la de algunos de sus vecinos.

En Rusia —sobre la cual disponemos de información muy imprecisa— se cree que la situación del material móvil es desesperada y constituye uno de los factores fundamentales de su actual desorden económico; y en Polonia, Rumanía y Hungría la situación no es mucho mejor. La vida industrial moderna depende esencialmente de la facilidad de los transportes, y la población que ha llegado a asegurar su subsistencia por estos medios no puede continuar viviendo sin ellos. El desastre de la circulación monetaria y la desconfianza en su poder adquisitivo agravan aún más estos males, que deberán examinarse con mayor detalle al tratar el comercio exterior.

¿Cuál es, pues, nuestra visión de Europa? Una población rural capaz de sostener su vida con el fruto de su propia producción agrícola, pero que ya no genera el excedente habitual para sostener a las ciudades, y que además se ve privada —como consecuencia de la falta de materiales importados y, por tanto, de variedad y cantidad de mercancías disponibles— de los incentivos tradicionales para intercambiar alimentos por otros productos. Frente a ella, una población industrial que no puede mantener sus fuerzas por la escasez de alimentos, incapaz de ganarse la vida por la falta de materias primas y, en consecuencia, incapaz de compensar mediante importaciones exteriores la caída de la productividad interna.

Sin embargo, según Mr. Hoover, «un cálculo aproximado mostraría que Europa tiene 100 millones de habitantes más de los que puede sostener sin importaciones, y que solo pueden subsistir gracias a la producción y distribución derivadas de las exportaciones».

El problema de restablecer el ciclo continuo de producción e intercambio en el comercio exterior me conduce a una digresión necesaria sobre la situación de la circulación monetaria en Europa.

Se atribuye a Lenin la afirmación de que el mejor medio para destruir el sistema capitalista es envilecer la moneda. Mediante un proceso continuado de inflación, los gobiernos pueden confiscar, de forma secreta e inadvertida, una parte importante de la riqueza de sus ciudadanos. Con este procedimiento no solo confiscan, sino que lo hacen arbitrariamente; y aunque el proceso arruina a muchos, enriquece temporalmente a algunos. La observación de esta redistribución arbitraria en favor de ciertos grupos atenta no solo contra la seguridad, sino también contra la confianza en la justicia de la distribución vigente de la riqueza. Los beneficiarios de este sistema, incluso más allá de sus méritos o expectativas, se convierten en especuladores, objeto del odio tanto de la burguesía empobrecida por la inflación como del proletariado.

A medida que la inflación prosigue y el valor real de la moneda fluctúa violentamente de mes en mes, todas las relaciones estables entre deudores y acreedores —que constituyen uno de los fundamentos esenciales del capitalismo— se alteran de forma tan profunda que llegan a perder todo sentido, y el proceso de enriquecimiento degenera en un juego de azar.

Lenin tenía, sin duda, razón. No existe medio más sutil ni más seguro de socavar las bases de la sociedad que corromper el valor de la moneda.

Este procedimiento moviliza todas las fuerzas ocultas de la ley económica en favor de la destrucción, y lo hace de tal modo que apenas uno entre un millón es capaz de advertirlo.

En los últimos momentos de la guerra, todos los gobiernos beligerantes llevaron a cabo —por necesidad o por incompetencia— lo que un bolchevique habría hecho deliberadamente. Incluso ahora, cuando la guerra ha terminado, muchos de ellos continúan, por debilidad, las mismas prácticas. Además, los gobiernos europeos, a menudo tan temerarios como frágiles en sus métodos, intentan dirigir contra la clase denominada «especuladores» la indignación popular que surge como consecuencia natural de sus propios errores. Estos especuladores son, en términos generales, los capitalistas comerciantes, es decir, el elemento activo y productivo de toda sociedad capitalista, que en un período de rápida subida de precios no pueden dejar de enriquecerse, lo deseen o no.

Si los precios aumentan de forma continua, todo comerciante que posea existencias, propiedades o materiales termina inevitablemente obteniendo beneficios. Al dirigir el resentimiento popular contra esta clase, los gobiernos europeos avanzan por el camino fatal que la sagacidad de Lenin había previsto con plena conciencia. Los especuladores no son la causa, sino la consecuencia de los precios elevados. Al combinar el odio popular hacia ellos con el daño infligido a la seguridad social mediante la perturbación violenta y arbitraria de los contratos y del equilibrio tradicional de la riqueza —resultado inevitable de la inflación—, estos gobiernos están haciendo cada vez más imposible la continuidad del orden social y económico del siglo XIX, sin disponer de ningún plan coherente para sustituirlo.

Nos encontramos, pues, en Europa ante el espectáculo de una debilidad extraordinaria de la gran clase capitalista surgida de los triunfos industriales del siglo XIX, que hace apenas unos años parecía todopoderosa. El miedo y la cobardía personal de los individuos que la integran han alcanzado tal grado, y su confianza en su función social y en su propia necesidad para el organismo económico se ha debilitado tanto, que se han convertido en presas fáciles de la intimidación. No ocurría esto en Inglaterra hace veinticinco años, ni ocurre hoy en los Estados Unidos.

Entonces, los capitalistas creían en sí mismos, en su utilidad social y en su derecho a existir plenamente, con el disfrute íntegro de su riqueza y el ejercicio sin restricciones de su poder. Hoy tiemblan ante cualquier acusación: basta llamarlos germanófilos, financieros internacionales o especuladores para que cedan cualquier cosa con tal de evitar una crítica más dura. Se dejan arruinar por quienes han sido sus propios instrumentos: gobiernos creados por ellos mismos y una prensa de la que son propietarios. Tal vez sea históricamente cierto que toda clase social acaba pereciendo por su propia mano.

En un mundo tan complejo como la Europa occidental, la Voluntad Inmanente puede alcanzar sus fines de forma más insidiosa y provocar la revolución de manera fatal, tanto mediante un Klotz o un George como a través de los intelectualismos —demasiado conscientes y crueles para nosotros— de los filósofos revolucionarios rusos.

La inflación de los sistemas monetarios europeos ha alcanzado proporciones extraordinarias. Los distintos gobiernos beligerantes, incapaces o demasiado tímidos —o excesivamente imprevisores— para obtener mediante préstamos o impuestos los recursos necesarios, recurrieron a la emisión de billetes para cuadrar sus cuentas. En Rusia y en Austria-Hungría este procedimiento ha llegado a tal extremo que, a efectos del comercio exterior, la moneda carece prácticamente de valor. El marco polaco puede comprarse por 1,5 peniques y la corona austríaca por menos de 1 penique, pero no pueden venderse en absoluto. El marco alemán vale menos de 2 peniques en los mercados de cambio.

En la mayor parte de Europa oriental y sudoriental, la situación es casi tan grave. La moneda italiana ha caído a poco más de la mitad de su valor nominal, pese a estar aún sometida a cierto control; la moneda francesa presenta un mercado inestable; e incluso la libra esterlina ha sufrido una depreciación considerable y su porvenir resulta incierto. Sin embargo, aunque estas monedas tengan en el exterior un valor precario, no han perdido por completo —ni siquiera en Rusia— su poder adquisitivo interno. Existe una confianza profundamente arraigada en la moneda legal del Estado, común a los ciudadanos de todos los países, que les impide dejar de creer que algún día esta moneda recobrará al menos una parte de su primitivo valor. Se piensa que el valor es inherente a la moneda como tal. Y no se comprende que la riqueza real que dicha moneda representaba se ha disipado de una vez para siempre. Este sentimiento se ve reforzado por las diversas reglamentaciones mediante las cuales los gobiernos tratan de controlar los precios interiores, con el fin de conservar a su moneda legal algún poder adquisitivo. Así, la fuerza de la ley mantiene una cierta medida de poder adquisitivo sobre determinadas mercancías, y la fuerza del hábito y de la costumbre conserva, especialmente entre los campesinos, la disposición a acumular papel que, en realidad, carece de valor.

Sin embargo, tal conservación artificial del valor de la moneda mediante la fuerza de la ley, expresada en la regulación de los precios, contiene en sí misma el germen de una decadencia económica definitiva y agota rápidamente las últimas fuentes de recursos. Si un hombre se ve obligado a cambiar el fruto de su trabajo por papel que, como pronto le enseña la experiencia, no puede utilizar para adquirir lo que necesita a un precio proporcional al que él mismo ha recibido por sus productos, guardará dichos productos para su propio uso, los distribuirá entre amigos y vecinos como obsequio, o reducirá deliberadamente sus esfuerzos productivos. El sistema que impone el intercambio de mercancías por algo que no representa su valor real no solo reduce la producción, sino que conduce, en último término, a la ruina y a la ineficacia del tráfico. Pero si un gobierno se abstiene de intervenir y deja que los precios sigan su curso natural, las mercancías indispensables alcanzan rápidamente niveles solo accesibles para los ricos, la depreciación de la moneda se hace evidente, y el engaño ya no puede ocultarse al público.

El efecto de la reglamentación de precios y de la persecución del especulador —como supuestos remedios contra la inflación— resulta aún más perjudicial para el comercio exterior. Sea cual sea la situación interna, la moneda alcanza de inmediato su valor real en el extranjero, con el resultado de que los precios interiores y exteriores pierden su relación normal. El precio de las mercancías importadas, convertido al tipo corriente de cambio, queda muy por encima del precio local, hasta el punto de que muchas mercancías necesarias dejan de importarse por iniciativa privada y deben ser suministradas por el Estado, el cual, al revenderlas por debajo de su coste, se hunde cada vez más en la insolvencia. El aprovisionamiento de pan, hoy casi universal en Europa, constituye el ejemplo más claro de este fenómeno.

En el momento presente, las naciones europeas se dividen en dos grandes grupos según la forma en que se manifiesta un mismo mal fundamental: unas, cuyas relaciones internacionales han sido interrumpidas por el bloqueo; y otras, cuyas importaciones han sido sufragadas con los recursos de sus aliados. Tomo a Alemania como ejemplo del primer grupo, y a Francia e Italia como ejemplos del segundo.

La circulación de billetes en Alemania es hoy aproximadamente diez veces mayor que antes de la guerra. El valor del marco, expresado en oro, es apenas una octava parte de su valor anterior. Dado que los precios mundiales, medidos en oro, son hoy más del doble de los de preguerra, se seguiría que los precios en marcos dentro de Alemania deberían ser de dieciséis a veinte veces superiores a los anteriores a la guerra, para mantenerse en concordancia con los precios exteriores. Pero esto no ocurre. A pesar del fuerte aumento de los precios alemanes, estos probablemente no alcanzan todavía, en promedio, más de cinco veces su nivel primitivo, al menos en lo que respecta a las mercancías esenciales; y resulta imposible que aumenten más sin una elevación simultánea, igualmente violenta, de los salarios monetarios.

Esta desproporción atenta de dos modos —aparte de otros obstáculos— contra la reanudación del comercio de importación, condición indispensable para la reconstrucción económica del país. En primer lugar, las mercancías importadas resultan inaccesibles para el poder adquisitivo de la gran masa de la población, y la corriente de importaciones que se esperaba tras el levantamiento del bloqueo no pudo materializarse en términos comerciales. En segundo lugar, para un comerciante o un industrial resulta extremadamente arriesgado adquirir a crédito extranjero materias primas que, una vez transformadas o importadas, solo podrán venderse a cambio de marcos cuyo valor futuro es completamente incierto y quizá irrealizable.

Este último obstáculo al resurgimiento del comercio suele pasar inadvertido y merece especial atención. Hoy es imposible prever cuál será el valor del marco en moneda extranjera dentro de tres o seis meses, o incluso dentro de un año, y el mercado de cambios no puede ofrecer cotizaciones dignas de confianza. Así, un comerciante alemán al que se le conceda ahora un crédito a corto plazo en libras esterlinas o dólares, preocupado por su crédito futuro y por su reputación comercial, puede vacilar en aceptarlo. Contraería deudas en libras o dólares, pero vendería sus productos en marcos, y la posibilidad de convertir esos marcos, llegado el vencimiento, en la moneda exigida para saldar su deuda sería completamente problemática. El comercio pierde entonces su carácter genuino y se convierte en una mera especulación cambiaria, cuyas fluctuaciones anulan por completo los beneficios normales de la actividad comercial.

Existen, por tanto, tres obstáculos claramente diferenciados para la reanudación del comercio: el desacuerdo entre los precios interiores y los internacionales; la falta de crédito individual en el extranjero para adquirir las materias primas necesarias que permitan reactivar el capital y restablecer el cambio; y un sistema monetario desordenado que vuelve las operaciones de crédito excesivamente arriesgadas o directamente imposibles, más allá de los riesgos ordinarios del comercio.

La circulación fiduciaria de Francia alcanza actualmente un nivel seis veces superior al de antes de la guerra. El valor del franco en oro, sin embargo, se sitúa en algo menos de dos tercios de su valor anterior; es decir, el franco no se ha depreciado en la misma proporción que ha aumentado la circulación fiduciaria. Esta situación aparentemente más favorable se explica por el hecho de que, hasta fechas recientes, una gran parte de las importaciones francesas no fue pagada directamente, sino cubierta mediante préstamos concedidos por los Gobiernos de Gran Bretaña y de los Estados Unidos.

Este mecanismo ha permitido que se establezca un desequilibrio entre exportaciones e importaciones, y constituye ahora un factor de extrema gravedad, a medida que la ayuda exterior disminuye progresivamente. La economía interna de Francia y el nivel de sus precios —en relación con la circulación de billetes y con los tipos de cambio— descansan hoy sobre un excedente de importaciones sobre exportaciones que no puede prolongarse indefinidamente. Sin embargo, resulta difícil prever cómo podrá restablecerse el equilibrio sin una reducción del consumo en Francia que, aun siendo temporal, provocará un profundo descontento social.

La situación de Italia no es muy diferente. Allí la circulación de billetes es cinco o seis veces mayor que antes de la guerra, y el valor de la lira en oro se ha reducido a la mitad de su antiguo valor. Así, la relación entre el cambio y el volumen de la circulación fiduciaria ha llegado mucho más lejos en Italia que en Francia. Por otra parte, los ingresos invisibles de Italia, procedentes de las remesas de emigrantes y del gasto de los turistas, han disminuido muy seriamente; el hundimiento de Austria la ha privado de un mercado importante, y su especial dependencia de los barcos extranjeros y de las materias primas importadas de toda especie la ha dejado particularmente expuesta al perjuicio originado por el aumento general de los precios en el mundo. Por todas estas razones, su situación es grave, y su exceso de importaciones constituye un síntoma de un mal tan serio como el de Francia.

La inflación existente y el desequilibrio del comercio internacional se ven agravados, tanto en Francia como en Italia, por la desdichada situación financiera de los gobiernos de ambos países.

En Francia, el fracaso en el establecimiento de impuestos es notorio. Antes de la guerra, los presupuestos totales de Francia y de Inglaterra, así como el impuesto medio proporcional por habitante, eran casi iguales; sin embargo, en Francia no se ha realizado ningún esfuerzo importante para cubrir el aumento de los gastos. «El incremento de los impuestos en Gran Bretaña durante la guerra —según se ha calculado— ha sido de 95 francos por habitante, pasando a 265; mientras que el aumento en Francia ha sido solo de 90 a 103». Los impuestos votados en Francia para el ejercicio financiero que terminó el 30 de junio de 1919 cubren menos de la mitad del gasto considerado normal para la posguerra. El presupuesto normal para el porvenir no puede estimarse en menos de 880 millones de libras, y es probable que supere esta cifra; sin embargo, para el año fiscal 1919-1920, los ingresos previstos por impuestos apenas alcanzan algo más de la mitad de esa suma.

El ministro de Hacienda francés no dispone de un plan ni de una política definidos para hacer frente a este asombroso déficit, salvo la esperanza de obtener ingresos pagados por Alemania en cantidades que los propios funcionarios franceses saben que carecen de fundamento.

Mientras tanto, se recurre a las ventas de material de guerra y de excedentes de los stocks americanos, y no se duda, incluso en la segunda mitad de 1919, en cubrir el déficit mediante una nueva ampliación de la emisión de billetes del Banco de Francia.

La situación financiera de Italia es acaso algo mejor que la de Francia. La Hacienda italiana, durante la guerra, actuó con mayor iniciativa que la francesa y realizó esfuerzos mucho más amplios para establecer impuestos y sufragar el coste del conflicto. Sin embargo, el señor Nitti, primer ministro, en una carta dirigida al cuerpo electoral en la víspera de las elecciones generales de octubre de 1919, creyó necesario hacer público el siguiente análisis desesperado de la situación:

1. El gasto del Estado es tres veces superior a los ingresos.
2. Todas las empresas industriales del Estado, incluidos los ferrocarriles, telégrafos y teléfonos, registran pérdidas. A pesar de que el público compra el pan a un precio elevado, dicho precio representa todavía para el gobierno una pérdida de aproximadamente 1.000 millones de liras al año.
3. Las exportaciones actuales del país están valoradas en la cuarta o quinta parte del valor de las importaciones procedentes del exterior.
4. La deuda nacional aumenta aproximadamente en 1,000 millones de liras al mes.
5. El gasto militar mensual sigue siendo superior al gasto militar del primer año de la guerra.

Pero si esta es la situación financiera de Francia e Italia, la del resto de los países beligerantes de Europa es aún más desesperada.

En Alemania, el gasto total del Imperio, de los Estados federados y de las ciudades se calcula para 1919-1920 en 25,000 millones de marcos, de los cuales no se obtienen más que 10,000 millones mediante los impuestos anteriormente existentes, y ello sin prever nada para el pago de indemnizaciones. En Rusia, Polonia, Hungría o Austria puede afirmarse que no existe nada que seriamente pueda llamarse presupuesto.

Así pues, el peligro de la inflación descrito anteriormente no es meramente un producto de la guerra que pueda desaparecer con la paz, sino un fenómeno persistente cuyo final no se vislumbra. Todas estas influencias se combinan no solo para impedir que Europa inicie de inmediato una corriente de exportaciones lo suficientemente amplia como para pagar las mercancías que necesita importar, sino también para privarla del crédito indispensable para obtener el capital requerido para restablecer el cambio, alejando aún más las fuerzas de la ley económica de su equilibrio, en lugar de aproximarlas a él, y perpetuando las circunstancias actuales en vez de curarlas.

Nos hallamos ante una Europa improductiva, sin trabajo y desorganizada: desorganizada por querellas internas y por el odio internacional; luchando, muriéndose de hambre, robando y mintiendo. ¿Qué garantías existen para ofrecer una descripción menos sombría?

He prestado poca atención en este libro a Rusia, Hungría y Austria. En esos países, las miserias de la vida y la desintegración de la sociedad son demasiado evidentes para requerir análisis, y ya están sufriendo en el presente lo que para el resto de Europa aún pertenece al ámbito de las predicciones. Y, sin embargo, abarcan vastos territorios y grandes poblaciones, y constituyen un ejemplo patente de hasta qué punto puede sufrir el hombre y cuán bajo puede caer una sociedad. Sobre todo, son para nosotros una advertencia de cómo, en la catástrofe última, la enfermedad del cuerpo se transforma en enfermedad del espíritu.

Las privaciones económicas actúan lentamente, y mientras los hombres las soportan con paciencia, el resto del mundo se preocupa poco. La eficacia física y la resistencia frente al mal disminuyen con lentitud; pero la vida continúa como puede, hasta que finalmente se alcanza el límite de la resistencia humana y los impulsos de la desesperación y de la locura despiertan a los dolientes del letargo que precede a la crisis. Entonces el hombre se sacude y se rompen las ataduras del hábito. El poder de las ideas se vuelve soberano y atiende cualquier indicio de esperanza, de ilusión o de venganza que flote en el aire.

En el momento en que escribo estas líneas, las llamas del bolchevismo ruso parecen haber brotado, al menos por ahora, mientras los pueblos de Europa central y oriental han caído en un embotamiento aterrador. La última cosecha ha puesto a salvo de las privaciones más extremas, y la paz se ha firmado en París. Pero el invierno se aproxima. Habrá poco combustible para mitigar los rigores de la estación y para reconfortar los cuerpos extenuados de los habitantes de las ciudades.

¿Quién puede decir hasta dónde puede llegar el sufrimiento humano o qué caminos elegirán los hombres para alcanzar, al final, la liberación de sus desgracias?

CAPÍTULO VII: LOS REMEDIOS

Es difícil lograr una visión precisa en los grandes asuntos. He criticado la obra de París y he descrito con sombríos colores las condiciones y el porvenir de Europa. Este es un aspecto de la situación, y creo que es real. Pero cuando los fenómenos son tan complejos, los pronósticos no pueden señalar nunca un solo camino, y se puede incurrir en el error de esperar consecuencias excesivamente rápidas e inevitables de causas que acaso no son todas las realmente aplicables al problema. La propia incertidumbre del porvenir nos hace dudar de su exactitud; nuestra imaginación está más bien adormecida que estimulada por una narración demasiado sombría, y nuestro espíritu se aparta de lo que considera «demasiado malo para ser cierto».

Pero antes de que el lector se deje influir en exceso por estas reflexiones naturales, y antes de que yo le presente —como intento hacer en este capítulo— remedios y mejoras, posibles tendencias más felices, permitámosle restablecer el equilibrio de su pensamiento evocando el contraste de Inglaterra y Rusia, de las cuales, si la una puede reforzar demasiado su optimismo, la otra le recordará que existe la amenaza de verdaderas catástrofes y que la sociedad moderna no es inmune a los males más graves.

Generalmente no he tenido presente, en los capítulos de este libro, la situación ni los problemas de Inglaterra. «Europa», en mi relato, debe entenderse habitualmente con exclusión de las Islas Británicas. Inglaterra pasa por un estado de transición, y sus problemas económicos son graves. Acaso estamos en vísperas de cambios profundos en su estructura social e industrial. Algunos de nosotros tal vez se feliciten ante tal porvenir; otros lo lamentarán. Pero su índole es diferente de la de los que penden sobre Europa.

No percibo en Inglaterra la más leve posibilidad de una catástrofe, ni probabilidad alguna de un levantamiento general de la sociedad. La guerra nos ha empobrecido, pero no gravemente; yo creo que la riqueza real del país en 1919 es, por lo menos, igual a la que era en 1900. Nuestra balanza comercial es adversa, pero no tanto como para que su restablecimiento implique el desorden de nuestra vida económica. El déficit de nuestro presupuesto es grande, mas no superior a lo que una política hábil, firme y prudente puede controlar.

Lasatisfacciones razonables de trabajo puede haber disminuido en algo nuestra producción; pero no será excesivo esperar que esto sea transitorio, y nadie que conozca al obrero inglés puede dudar de que, si le conviene y si las condiciones de su vida le permiten vivir con agrado y satisfacción razonables, producirá, por lo menos, tanto en una jornada de trabajo corta como producía antes en más horas.

La guerra ha puesto de relieve los problemas más serios para Inglaterra, pero eran problemas estructurales en sus orígenes. Las fuerzas del siglo XIX han realizado su misión y se han agotado. Los motivos económicos y los ideales de aquella generación no nos satisfacen ya; tenemos que hallar un camino nuevo, y tenemos que sufrir otra vez el malestar y, en definitiva, los dolores de un nuevo parto industrial. Este es un factor.

El otro es aquel acerca del cual traté en el capítulo II: el aumento en el coste real de la alimentación y la menor productividad de la Naturaleza frente a un crecimiento mayor de la población mundial, tendencia que será perjudicial especialmente para los países más industrializados y que dependen en mayor medida de las provisiones alimenticias importadas.

Pero éstos son problemas permanentes, de los que ninguna época está libre. Son de un orden completamente distinto de aquellos que pueden afligir a los pueblos de la Europa central. Los lectores que tienen más presentes las condiciones de Inglaterra, con las que están familiarizados, y aún más los que viven en inmediata proximidad a América y se sienten predispuestos al optimismo, deben dirigir su mirada hacia Rusia, Turquía, Hungría o Austria, donde son ya un hecho los males físicos más terribles que el hombre es capaz de sufrir: hambre, frío, enfermedades, guerra, crimen y anarquía, si quieren comprender la gravedad de las desgracias contra cuya ulterior extensión tenemos el deber de buscar remedio, si es que lo hay.

¿Qué puede hacerse? Las sugerencias planteadas en este capítulo pueden parecer al lector insuficientes. Pero se perdió la oportunidad en París durante los seis meses que siguieron al Armisticio, y nada de lo que hagamos ahora puede reparar el daño causado entonces. Las grandes privaciones y los grandes peligros para la sociedad son ya inevitables. Todo lo que podemos hacer ahora es volver a orientar, en cuanto dependa de nuestro poder, las tendencias económicas fundamentales que gobiernan los acontecimientos del momento, para que promuevan el resurgimiento de la prosperidad y el restablecimiento del orden, en lugar de sumirnos más profundamente en la desgracia.

Ante todo, debemos librarnos de la atmósfera y de los procedimientos de París. Los que han dirigido la Conferencia pueden doblegarse ante los caprichos de la opinión popular, pero no nos sacarán nunca de nuestras inquietudes. Es difícil suponer que el Consejo de los Cuatro pudiera volver sobre sus pasos, aun cuando lo deseara. La sustitución de los gobiernos existentes en Europa es, por tanto, un paso preliminar casi indispensable.

Propongo, pues, a los que creen que la Paz de Versalles no puede durar, la discusión de un programa con los siguientes temas:

I.   La revisión del Tratado.
II.   El arreglo de las deudas interaliadas.
III.   Un empréstito internacional y reforma de la circulación monetaria.
IV.   Las relaciones de Europa central con Rusia.

I. LA REVISIÓN DEL TRATADO

¿Tenemos algún medio constitucional para modificar el Tratado?

El presidente Wilson y el general Smuts, que consideran que haber asegurado el compromiso de la Sociedad de Naciones compensará muchos de los males del resto del Tratado, han indicado que debemos confiar en la Sociedad para lograr la evolución gradual de una vida más tolerable para Europa.

Hay arreglos territoriales —escribía el general Smuts— en su declaración al firmar el Tratado de Paz, que requerirán revisión. Hay garantías establecidas que todos esperamos llegarán pronto a resultar desproporcionadas con el nuevo temperamento pacífico y con la situación inerme de nuestros antiguos enemigos. Se establecen castigos sobre la mayor parte de los cuales, calmada la pasión, se preferirá pasar la esponja del olvido. Hay indemnizaciones estipuladas que no se podrán hacer efectivas sin grave daño para el resurgimiento industrial de Europa y que, por interés de todos, se harán más tolerables y moderadas…

Yo mantengo todavía que la Sociedad de Naciones ha de ser el medio para librar a Europa de la ruina ocasionada por esta guerra.

El presidente Wilson, cuando presentó el Tratado a principios de julio de 1919, señaló:

> Sin la Sociedad…, la inspección continuada sobre la ejecución de las reparaciones que Alemania se comprometió a realizar durante la próxima generación tiene que fracasar por completo, y serían impracticables el nuevo examen y la revisión de los acuerdos administrativos y de las restricciones que prescribe el Tratado; restricciones que, aun reconociendo que no podrían ser ventajosas ni completamente justas, no deberían sostenerse en vigor durante mucho tiempo.

¿Podemos abrigar la esperanza de asegurar, mediante la actuación de la Sociedad, los beneficios que sus dos principales autores nos animaban a esperar de ella? En el artículo 19 del Compromiso se encontrará el pasaje que responde a esta cuestión, y que dice lo siguiente: «La Asamblea puede, de tiempo en tiempo, aconsejar que los miembros de la Sociedad vuelvan a examinar los Tratados que hayan llegado a ser inaplicables y a considerar de nuevo las condiciones internacionales cuya continuación puede perjudicar la paz del mundo».

Pero el artículo 5.º dispone que «salvo en los casos en que se haya dispuesto expresamente de otra manera en este Compromiso o en los términos del presente Tratado, las decisiones de toda reunión de la Asamblea o del Consejo exigirán la conformidad de todos los miembros de la Sociedad representados en la reunión». ¿No reduce esta disposición a la Sociedad, en cuanto se trate de un nuevo examen de cualquiera de los términos del Tratado de Paz, a ser un cuerpo que no sirva más que para dilatar el tiempo? Si todas las partes que han intervenido en el Tratado opinan unánimemente que éste requiere alteración en cualquier punto concreto, no se necesita una Sociedad ni un Compromiso para llevarla a cabo. Aun cuando la Asamblea de la Sociedad lograra la unanimidad, no podría hacer más que aconsejar la revisión a los miembros a quienes especialmente afecte.

Pero la Sociedad actuará —dicen sus defensores— mediante su influencia sobre la opinión pública del mundo, y el modo de pensar de la mayoría pesará decisivamente en la práctica, aun cuando constitucionalmente no tenga fuerza obligatoria. Ojalá así sea. Pero la Sociedad, en manos de diplomáticos europeos experimentados, puede convertirse en un instrumento sin igual para obstruir y aplazar.

La revisión de los Tratados se confía, en primer lugar, no al Consejo, que se reúne con frecuencia, sino a la Asamblea, que se reunirá con menor regularidad y que llegará a ser —como todo el que tiene experiencia de las grandes conferencias interaliadas sabe— una Asamblea deliberante políglota, en la que la resolución más importante y los mejores acuerdos fracasarán si proponen soluciones contrarias al statu quo.

Hay, en verdad, dos defectos desastrosos en el Compromiso: el artículo 5.º, que prescribe la unanimidad, y el tan criticado artículo 10, por el cual «los miembros de la Sociedad se comprometen a respetar y conservar, contra las agresiones exteriores, la integridad territorial y la independencia política existentes de todos los miembros de la Sociedad». Estos dos artículos coinciden, en cierto modo, para destruir el concepto de la Sociedad como instrumento de progreso y para dotarla, desde el principio, de una inclinación casi inevitable hacia el statu quo.

Estos son los artículos que han ganado para la Sociedad a algunos de sus primeros adversarios, quienes ahora esperan hacer de ella otra Santa Alianza destinada a perpetuar la ruina económica de sus enemigos y el equilibrio de las Potencias que consideran haber establecido con la paz en su propio interés.

Pero así como sería erróneo y necio ocultarnos a nosotros mismos, en nombre del «ideal», las dificultades reales de la revisión de los Tratados, no hay razón para despreciar la Sociedad, que —si el mundo fuera sensato— todavía podría transformarse en un poderoso instrumento de paz, y que en los artículos 11 a 17 ha realizado ya una mejora importante y provechosa.

Estoy conforme, por tanto, en que nuestros primeros esfuerzos para la revisión del Tratado deben hacerse mediante la Sociedad antes que por ningún otro medio, con la esperanza de que la fuerza de la opinión general y, si fuera necesario, la presión y los incentivos financieros sean suficientes para impedir que una minoría recalcitrante ejerza su derecho de veto. Debemos confiar en los nuevos gobiernos —cuya formación en los principales países aliados anuncio— para que den pruebas de una sabiduría más profunda y de una mayor magnanimidad que la mostrada por sus predecesores.

Hemos visto en los capítulos IV y V que hay muchos aspectos en los que el Tratado es criticable. No intento entrar ahora en los detalles ni llevar a cabo una revisión cláusula por cláusula. Me limito a señalar tres grandes cambios, necesarios para la vida económica de Europa, en lo que respecta a las reparaciones, al carbón, al hierro y a los aranceles de Aduanas.

REPARACIONES

Si la suma exigida por reparaciones es menor que aquella a la que los aliados tienen derecho, según la correcta interpretación de sus compromisos, resulta inútil especificar las partidas ni argumentar acerca de su composición. Por tanto, propongo la siguiente solución:

1. La suma del pago que ha de hacer Alemania por reparaciones y por el coste de los ejércitos de ocupación se fijará en 2,000 millones de libras.
2. La entrega de la marina mercante y de los cables submarinos, según el Tratado; del material de guerra, según el Armisticio; de las propiedades del Estado en territorio cedido; de las reclamaciones contra tales territorios en lo relativo a la deuda pública, y de las reclamaciones de Alemania contra sus antiguos aliados se valorará en la suma total de 500 millones de libras, renunciando a evaluarla partida por partida.
3. El saldo de 1,500 millones de libras no producirá interés y será pagado por Alemania en 30 plazos anuales de 50 millones de libras, comenzando en 1923.
4. La Comisión de reparaciones se disolverá o, si aún le quedan algunos deberes que cumplir, se convertirá en una dependencia

de la Sociedad de Naciones, en la que habrá representantes de Alemania y de los Estados neutrales.

5. Se permitirá a Alemania que entregue los plazos anuales en la forma que considere más conveniente, debiendo presentarse a la Sociedad de Naciones toda queja por el incumplimiento de sus obligaciones. Esto es: en adelante no se expropiarán los bienes privados alemanes en el extranjero, excepto en cuanto sea necesario para atender a las obligaciones privadas alemanas procedentes de las liquidaciones de esa propiedad o que se encuentren en manos de los fiduciarios públicos y de los custodios de la propiedad enemiga en los países aliados y en los Estados Unidos; y, en particular, será derogado el artículo 260, que dispone la expropiación de los intereses alemanes en empresas de utilidad pública.

6. No se hará ningún intento para obtener pagos de reparación de Austria.

7.

CARBÓN Y HIERRO

1. Las opciones de los aliados sobre el carbón, establecidas en el anexo 5.º, serán abandonadas; pero se mantendrá la obligación de Alemania de compensar a Francia por la pérdida de carbón causada por la destrucción de sus minas. Es decir, Alemania se compromete a entregar a Francia anualmente, durante un período que no exceda de diez años, una cantidad de carbón igual a la diferencia entre la producción anual anterior a la guerra de las minas de carbón del norte y del Paso de Calais, destruidas a consecuencia de la guerra, y la producción de las minas del mismo territorio durante esos años. Tal entrega no excederá de 20 millones de toneladas anuales en los primeros cinco años, ni de 8 millones de toneladas en cualquiera de los cinco años siguientes.

2. El arreglo referente al Sarre se mantendrá, salvo que, por una parte, no se acreditará a Alemania el valor de las minas y, por otra, se le devolverán las minas y el territorio, sin pago e incondicionalmente, después de diez años. No obstante, esto quedará condicionado a que Francia acepte un acuerdo por el cual, durante el mismo período, proporcionará a Alemania, procedente de Lorena, al menos el 50 por 100 del mineral de hierro que se enviaba a Alemania antes de la guerra, a cambio del compromiso alemán de abastecer a Lorena con una cantidad

de carbón equivalente a la que antes se enviaba desde Alemania propiamente dicha, teniendo en cuenta la producción del Sarre.

3. El arreglo establecido para la Alta Silesia se mantendrá. Es decir, se celebrará un plebiscito y, al adoptarse una decisión definitiva, se tendrán en cuenta, por las principales Potencias aliadas y asociadas, los deseos de los habitantes manifestados en la votación y las condiciones geográficas y económicas de la región. No obstante, los aliados declararán si, a su juicio, las condiciones económicas exigen la incorporación de los distritos carboníferos a Alemania, salvo que la voluntad de los habitantes sea claramente contraria.

4. La Comisión del carbón, ya establecida por los aliados, se convertirá en una instancia dependiente de la Sociedad de Naciones y se ampliará para incluir representantes de Alemania, de los demás Estados de Europa central y oriental, de los neutrales del norte y de Suiza. Su autoridad será únicamente consultiva, pero abarcará la distribución de los suministros de carbón de Alemania, Polonia y de las partes constitutivas del antiguo Imperio austrohúngaro, así como del excedente exportable de Inglaterra. Todos los Estados representados en la Comisión se comprometerán a proporcionarle la información más completa y a dejarse orientar por su criterio en la medida en que su soberanía y sus intereses vitales lo permitan.

5.

ARANCELES

Se establecerá, bajo los auspicios de la Sociedad de Naciones, una Unión de libre comercio entre los países que se comprometan a no imponer aranceles proteccionistas contra los productos de los demás miembros de la Unión. Alemania, Polonia, los nuevos Estados que antiguamente componían Austria-Hungría y el Imperio turco, así como los Estados mandatarios, estarán obligados a adherirse a esta Unión durante diez años; transcurrido ese plazo, la adhesión será voluntaria. Para los demás Estados, la adhesión será voluntaria desde el principio, aunque es razonable esperar que el Reino Unido figure entre los miembros fundadores.

II. ARREGLO DE LAS DEUDAS ENTRE ALIADOS

Al proponer la modificación de las cláusulas de reparaciones, las he considerado tan sólo en relación con Alemania. Pero la **honestidad** exige que una reducción tan grande en la totalidad vaya acompañada de un nuevo ajuste de su proporcionalidad entre los aliados. Los ofrecimientos hechos por nuestros hombres de Estado desde todas sus plataformas durante la guerra, así como otras consideraciones, exigen ciertamente que los territorios perjudicados por la invasión del enemigo reciban prioridad en la compensación. Así como éste fue uno de los objetivos por los que afirmábamos que luchábamos, nunca incluimos la recuperación de las pensiones entre nuestros fines de guerra.

Propongo, por tanto, que nos mostremos en nuestros actos coherentes y dignos de confianza, y que, obrando así, Gran Bretaña abandone desde luego sus reclamaciones de pago en metálico a favor de Bélgica, Serbia y Francia. La totalidad de los pagos hechos por Alemania deberá, pues, quedar sujeta a la obligación preferente de reparar el daño material causado a los países y provincias que sufrieron la invasión del enemigo; y considero que la suma de 1,500 millones de libras esterlinas así utilizable será suficiente para cubrir íntegramente el coste actual de la restauración.

Además, sólo mediante la renuncia absoluta a sus reclamaciones de compensación en metálico podrá Gran Bretaña solicitar con autoridad la revisión del Tratado y restablecer su honor frente al incumplimiento de su palabra, del cual tiene la principal responsabilidad, a causa de la política con la que comprometió a sus representantes la elección general de 1918.

Resuelto de este modo el problema de las reparaciones, podrán impulsarse, bajo mejores auspicios y con mayores probabilidades de éxito, las otras dos proposiciones financieras, cada una de las cuales implica un llamamiento a la generosidad de los Estados Unidos.

La primera propone la cancelación completa de la deuda entre los aliados —es decir, la deuda contraída entre los gobiernos de los países aliados y asociados con fines de guerra—. Considero esta proposición, ya planteada en diversos foros, como absolutamente esencial para la prosperidad futura del mundo. Sería un acto de alta previsión política por parte del Reino Unido y de los Estados Unidos, las dos potencias principalmente llamadas a adoptarla. Las sumas de dinero que esta medida implicaría se indican aproximadamente en la siguiente tabla:

País receptor	Por los Estados Unidos	Por el Reino Unido	Por Francia	Total
Al Reino Unido	842	—	—	842
A Francia	550	508	—	1058
A Italia	325	467	35	827
A Rusia	38	568	160	766
A Bélgica	80	98	90	268
A Serbia y Yugoslavia	20	20	20	60
A los otros aliados	35	79	50	164
TOTAL	**1890**	**1740**	**355**	**3985**

Así, el volumen total de la deuda interaliada, suponiendo que los empréstitos de uno de los aliados no estén cubiertos por los empréstitos hechos a otro, se acerca aproximadamente a 4,000 millones de libras. Los Estados Unidos no han hecho más que prestar. El Reino Unido ha prestado unas dos veces más que ha pedido. Francia ha pedido prestado unas tres veces más que lo que ha prestado. Los otros aliados no han sido más que deudores.

Si toda la deuda interaliada expresada se condonara mutuamente, el resultado neto en el papel (esto es, suponiendo que todos los empréstitos sean aceptables) supondría la pérdida para los Estados Unidos de unos 2,000 millones de libras; para el Reino Unido, de unos 900 millones de libras; Francia ganaría unos 700 millones de libras, e Italia unos 800 millones. Pero estas cifras más bien exageran la pérdida del Reino Unido y disminuyen la ganancia de Francia, porque una gran parte de los empréstitos hechos por ambos países han sido para Rusia, y no pueden, por mucho que se esfuerce la imaginación, darse por válidos. Si se estimara que los préstamos hechos por el Reino Unido a sus aliados valen el 50 por 100 de su valor verdadero (suposición arbitraria, pero práctica, que el canciller del Exchequer ha aceptado, en más de una ocasión, tan buena como cualquier otra, para el propósito de obtener un balance nacional aproximado), la operación no implicaría para ella ni pérdida ni ganancia.

Pero cualquiera que fuera el resultado neto, calculado en el papel, el alivio de la ansiedad que tal liquidación produciría sería muy grande. Esta proposición pide, pues, generosidad a los Estados Unidos.

Hablando con un conocimiento íntimo de las relaciones que han tenido durante la guerra los Tesoros británico, americano y aliados, creo que éste sería un acto de generosidad que Europa puede pedir perfectamente, con tal de que ella, por su parte, haga un propósito sincero de no continuar la guerra, económica o de cualquier otra clase, y de llevar a cabo la reconstitución económica de todo el continente.

Los sacrificios financieros de los Estados Unidos han sido, proporcionalmente a su riqueza, inmensamente menores que los de los Estados europeos. Y esto no podía haber sido de otra manera. Era una querella europea en la que el Gobierno de los Estados Unidos no hubiera podido justificar ante sus ciudadanos el gasto de toda su fuerza nacional, como hicieron los europeos. Después que los Estados Unidos entraron en la guerra, su auxilio fue ilimitado y espléndido, y sin esta ayuda los aliados nunca hubieran podido ganar la guerra, prescindiendo por completo de la influencia decisiva de la llegada de las tropas americanas.

Europa, por tanto, no puede olvidar nunca la extraordinaria ayuda que le fue ofrecida durante los primeros seis meses de 1919, por la intervención de Mr. Hoover y de la Comisión americana de auxilios.

Nunca hubo obra más noble de desinterés y buena voluntad, ni llevada a efecto con más tenacidad, sinceridad y habilidad, ni con menos agradecimiento, pedido ni dado. Los ingratos gobiernos de Europa deben a la habilidad política y a la información de Mr. Hoover, y de su grupo de hombres de trabajo americanos, mucho más de lo que han sido capaces de apreciar hasta ahora, ni llegarán a reconocer nunca. La Comisión de auxilios americana, y sólo ella, apreció la situación de Europa durante aquellos meses en su verdadera perspectiva, y sintió hacia ella todo lo que los hombres pueden sentir. Fueron sus esfuerzos, su energía y los recursos americanos puestos por el presidente a su disposición, a veces en contra de la propia obstrucción europea, los que no sólo evitaron una cantidad inmensa de sufrimiento humano, sino que salvaron a la organización europea de la ruina general.

Pero al hablar así, como lo hacemos, del auxilio financiero americano, suponemos tácitamente —y América, creo yo, que lo supuso también cuando dio el dinero— que no se trataba, al hacer esto, de una inversión. Si Europa tuviera que pagar los 2,000 millones de libras del auxilio financiero que ha recibido de los Estados Unidos, con un interés compuesto al 5 por 100, la cosa cambiaría por completo de carácter. Si los anticipos de América se fueran a considerar así, su siempre relativo sacrificio financiero habría sido realmente muy leve.

Las controversias sobre los sacrificios respectivos son estériles y muy necias, porque no hay razón en el mundo para que los sacrificios relativos sean necesariamente iguales, habiendo tantas otras consideraciones muy pertinentes y por completo diferentes en cada caso. Los dos o tres hechos que siguen se aducen, no para sugerir un argumento que obligue a los americanos, sino tan sólo para demostrar que, puesto en su propio punto de vista egoísta, un inglés no trata de evitar el debido sacrificio que a su país corresponde al sugerir esta proposición:

1. Las sumas que el Tesoro británico tomó prestadas del Tesoro americano, después de haber entrado éste en la guerra, se compensaron aproximadamente con las sumas que Inglaterra prestó a los otros aliados durante el mismo período (esto es, prescindiendo de las sumas prestadas antes de que los Estados Unidos entraran en la guerra), de donde resulta que casi toda la deuda de Inglaterra con los Estados Unidos fue contraída, no por su propia cuenta, sino para poder auxiliar a sus otros aliados, que, por diferentes razones, no estaban en situación de obtener sus auxilios de los Estados Unidos directamente.

2. El Reino Unido ha vendido aproximadamente 1,000 millones de libras esterlinas de sus valores extranjeros, y por añadidura ha contraído una deuda exterior que sube a unos 1,200 millones de libras. Los Estados Unidos, lejos de vender, han comprado más de 1,000 millones de libras, y no han adquirido efectivamente deuda ninguna exterior.

3. La población del Reino Unido es aproximadamente la mitad que la de los Estados Unidos; su renta, aproximadamente, es una tercera parte, y su riqueza acumulada, entre la mitad y una tercera parte. La capacidad financiera del Reino Unido puede calcularse, por tanto, en unas dos quintas partes de la de los Estados Unidos.

Estas cifras nos permiten hacer las siguientes comparaciones. No contando los préstamos a cada uno de los aliados (en el supuesto, justo, de que estos préstamos tengan que ser devueltos), los gastos de guerra del Reino Unido han sido unas tres veces mayores que los de los Estados Unidos, o sea, en proporción a su capacidad, entre siete y ocho veces mayores.

Aclarado este punto lo más brevemente posible, vuelvo a los problemas más amplios de las futuras relaciones entre los que tomaron parte en la última guerra, por los cuales deben ser juzgadas las presentes proposiciones principalmente.

Fracasado el arreglo que ahora se propone, la guerra acabaría con una trama de gravosos tributos pagaderos de unos a otros aliados. La suma total de este tributo excederá, probablemente, de la suma que ha de poder obtenerse del enemigo, y la guerra habrá acabado con el resultado intolerable de que los aliados se paguen unos a otros indemnizaciones, en lugar de recibirlas del enemigo.

Por esta razón, la cuestión de las deudas interaliadas está estrechamente ligada al intenso sentimiento popular de los aliados europeos en la cuestión de las indemnizaciones, sentimiento que está basado no en un cálculo razonable de lo que Alemania puede en realidad pagar, sino en la apreciación bien fundada de la situación financiera insoportable en que estos países se encontrarán si aquélla no paga.

Tomad a Italia como ejemplo extremo. Si se puede esperar razonablemente que Italia pague 800 millones de libras, seguramente Alemania puede y debe pagar una cifra inmensamente mayor. O si se decide, como así es, que Austria pueda pagar poco menos que nada, ¿no será una conclusión inadmisible que Italia pueda ser cargada con un tributo aplastante, mientras Austria se libra? O, para ponerlo en otra forma algo diferente, ¿cómo se podrá esperar que Italia se someta al pago de esta gran suma, viendo que Checoslovaquia paga poco o nada?

Al otro extremo de la escala está el Reino Unido. Aquí la situación financiera es diferente, y el pedirnos a nosotros que paguemos 800 millones de libras es una proposición muy diferente que pedir a Italia que los pague. Pero el sentimiento es casi el mismo. Si nosotros nos hemos de dar por satisfechos sin obtener plena compensación de Alemania, ¡cuán amargas serán las protestas contra el pago de cantidad alguna a los Estados Unidos! Nosotros, se dirá, tenemos que contentarnos con una reclamación contra los Estados en quiebra de Alemania, Francia, Italia y Rusia, mientras que los Estados Unidos han asegurado una primera hipoteca sobre nosotros.

El caso de Francia es, por lo menos, tan abrumador. Apenas puede obtener de Alemania el pago completo de la destrucción causada en su propio país. Francia, vencedora, tiene que pagar a sus amigos y aliados cuatro veces más que la indemnización que pagó, derrotada en 1870, a Alemania. La mano de Bismarck fue suave, comparada con la de un aliado o la de un asociado.

Un arreglo de la deuda interaliada es, pues, un elemento preliminar indispensable para que los pueblos de los países aliados puedan hacer frente, con el corazón libre de locura y de desesperación, a la fatal verdad acerca de las probabilidades de indemnización por parte del enemigo.

Sería una exageración decir que los aliados europeos no pueden pagar el capital y los intereses que deben. Pero obligarlos a hacerlo es imponerles, en los hechos, una carga aplastante. Es de esperar, pues, que hagan intentos constantes para eludir el pago, y estos intentos serán fuente constante de roces internacionales y de malquerencias durante muchos años.

Una nación deudora no ama a su acreedor, y es en vano esperar sentimientos de buena voluntad por parte de Francia, Italia y Rusia hacia este país o hacia América, si su desarrollo futuro es entorpecido durante muchos años por el tributo anual que tengan que pagar. Sentirán el incentivo de buscar sus amigos en otras partes, y de que cualquier ruptura de las relaciones pacíficas en el porvenir llevaría consigo la gran ventaja de escapar al pago de las deudas exteriores. Si, en cambio, estas grandes deudas son perdonadas, se estimularán la solidaridad y la verdadera amistad de las naciones últimamente asociadas.

La existencia de las deudas de la gran guerra es una amenaza para la estabilidad financiera de todos. No habrá país europeo en el que la repudiación de la deuda no llegue a ser pronto un problema político importante. En el caso de la deuda interior, sin embargo, están interesadas las partes por ambos lados, y es cuestión de distribución interior de la riqueza. Pero no ocurre esto con las deudas exteriores, y las naciones acreedoras pueden encontrar muy en breve que el sostenimiento de un tipo especial de gobierno o de una organización económica determinada en los países deudores perjudica a su interés. Los compromisos de las alianzas o de las ligas no son nada comparados con los compromisos de las deudas de dinero.

La consideración final, que ha de influir en la actitud del lector en cuanto a esta proposición, debe depender, sin embargo, de su modo de pensar en cuanto al lugar futuro que ocuparán en el progreso del mundo las grandes obligaciones en papel que nos ha legado la guerra financiera, tanto en el interior como en el exterior.

La guerra ha acabado debiendo cada uno inmensas cantidades de dinero a los demás. Alemania debe una gran suma a los aliados; los aliados deben una gran suma a Gran Bretaña, y Gran Bretaña debe una gran suma a los Estados Unidos. A los tenedores de préstamos de guerra de cada país les debe una gran suma el Estado, y al Estado, a su vez, le deben una gran suma éstos y los demás contribuyentes.

La situación, en conjunto, es en el más alto grado artificiosa, falsa y humillante. No seremos ya nunca capaces de movernos, a no ser que libremos nuestros miembros de estas ligaduras de papel. Una hoguera general es una necesidad tan grande, que si no hacemos de ella un asunto ordenado y sereno, en el que no se cometa ninguna injusticia grave con nadie, cuando llegue al final se convertirá en una conflagración que puede destruir otras muchas cosas.

En cuanto a la deuda interior, yo soy uno de los que creen que el impuesto general para la extinción de la deuda es un requisito previo esencial para sanear la Hacienda en todos los países beligerantes. Pero el mantenimiento de grandes deudas entre los gobiernos tiene en sí mismo peligros especiales.

Antes de la mitad del siglo XIX, ningún país debía grandes cantidades a una nación extranjera, salvo los tributos que se arrancaban bajo la fuerza de la ocupación momentánea y en un tiempo por los príncipes ausentes, bajo las sanciones del feudalismo. Es cierto que la necesidad que ha tenido el capitalismo europeo de encontrar una salida en el Nuevo Mundo ha hecho que durante los pasados cincuenta años, aunque en una escala relativamente más modesta, países como la Argentina lleguen a deber una suma anual a naciones como Inglaterra.

Pero el sistema es frágil, y ha sobrevivido solamente porque su carga sobre los países deudores no había sido hasta ahora opresora, porque está representada por partidas activas y está ligada con el sistema de la propiedad general, y porque las sumas ya prestadas no son desmesuradamente grandes en relación con las que aún se espera tomar a préstamo.

Los banqueros están acostumbrados a este sistema, y creen que es parte necesaria del orden social permanente. Están dispuestos a creer, por tanto, por analogía con él, que un sistema semejante entre los gobiernos, en una escala mucho más amplia y definitivamente opresora, no representada por un activo real y menos íntimamente asociada con el régimen de la propiedad, es natural, razonable y conforme con la naturaleza humana.

No confío en esta visión del mundo. Ni aun en el interior está muy seguro el capitalismo, a pesar de llevar consigo muchas simpatías locales, de jugar un papel real en el proceso diario de la producción y de depender en gran parte de su seguridad la organización actual de la sociedad.

Pero sea esto como sea, ¿querrán los pueblos descontentos de Europa, durante la generación venidera, ordenar sus vidas en tal forma que una parte apreciable de la producción diaria se dedique a hacer un pago al extranjero, cuya razón (sea entre Europa y América o entre Alemania y el resto de Europa) no es consecuencia obligada de su idea de la justicia o del deber?

De un lado, Europa debe depender, en último término, de su propio trabajo diario y no de la generosidad de América. Pero, de otro lado, no puede ahorrar con objeto de que el fruto de su trabajo diario pueda ir a ninguna otra parte. En una palabra: no creo que ninguno de estos tributos se siga pagando más que, en todo caso, muy pocos años. Ni encajan en la naturaleza humana, ni están acordes con el espíritu de los tiempos.

Si alguna fuerza tiene este modo de pensar, la utilidad y la generosidad coincidirán, y la política que promueva mejor la inmediata amistad entre las naciones no contrariará los intereses permanentes del benefactor.

III.   UN EMPRÉSTITO INTERNACIONAL

Paso a tratar una segunda propuesta financiera. Las exigencias de Europa son urgentes. La esperanza de ser relevada del pago a Inglaterra y a América de intereses abrumadores durante la vida de las dos generaciones venideras (y de recibir de Alemania alguna ayuda anual para el coste de la restauración) liberará al porvenir de una ansiedad excesiva. Pero no remediará los males del presente inmediato: el exceso de las importaciones de Europa sobre sus exportaciones, el cambio adverso y el desorden de la circulación monetaria.

Será muy difícil que la producción europea resurja sin alguna medida temporal de auxilio exterior. Soy, por tanto, partidario de un empréstito internacional en alguna manera o forma, tal y como ha sido defendido en muchos sitios en Francia, Alemania e Inglaterra, y también en los Estados Unidos. De cualquier manera que se reparta la responsabilidad definitiva para el pago, la carga de proporcionar los recursos inmediatos debe caer inevitablemente, en mayor parte, sobre los Estados Unidos.

Las principales objeciones a todas las variedades de esta clase de proyectos me figuro que son las siguientes: los Estados Unidos no están inclinados a mezclarse en adelante (en vista de las recientes experiencias) en los asuntos de Europa, y, en todo caso, no tienen por ahora destinado más capital para la exportación en gran escala. No hay garantía de que Europa destine el auxilio financiero al uso debido, ni de que no lo malgaste, quedando dentro de dos o tres años en tan mala situación como está ahora. M. Klotz empleará el dinero en retrasar un poco más el día del aumento de los impuestos; Italia y Yugoslavia se pelearán; Polonia lo dedicará a realizar con sus vecinos el papel militar que Francia le ha asignado; las clases gobernantes de Rumania se dividirán el botín.

En una palabra: América habría retrasado el aumento de su propio capital y habría elevado el coste de su propia vida para que Europa pueda continuar durante otros dos años con las prácticas, la política y los hombres de los últimos nueve meses. Y en cuanto al auxilio a Alemania, ¿es razonable y tolerable que los aliados europeos, habiendo quitado a Alemania el último resto de su capital activo, contra los argumentos y demandas de los representantes financieros americanos en París, puedan volverse hacia los Estados Unidos para pedirles fondos para rehacer a la víctima en la medida suficiente para que la expoliación vuelva a empezar dentro de uno o dos años?

No hay contestación para estas objeciones tal y como están ahora las cosas. Si yo tuviera influencia en el Tesoro de los Estados Unidos, no prestaría un penique a ninguno de los actuales gobiernos de Europa. No merecen que se les confíen recursos que dedicarían a la prosecución de una política en contra de la cual, a pesar del fracaso del presidente en afirmar la fuerza y los ideales del pueblo de los Estados Unidos, los partidos republicano y demócrata están seguramente unidos.

Pero si, como debemos rogar que así sea, el alma de los pueblos europeos se aparta este invierno de los falsos ídolos que han sobrevivido a la guerra que los creó, y sustituye en sus corazones el odio y el nacionalismo, que ahora los poseen, por ideas y esperanzas de felicidad y de solidaridad de la familia europea, entonces la piedad natural y el amor filial impulsarán al pueblo americano a dejar a un lado todos los pequeños obstáculos del provecho particular y a completar la obra que empezaron: salvando a Europa de la tiranía de la fuerza organizada, salvándola también de sí misma.

Y aun si la conversión no se realiza plenamente, y sólo algunos partidos de cada uno de los países europeos adoptan una política de reconciliación, América puede todavía señalar el camino y sostener al partido de la paz mediante un plan y una condición con los cuales le prestará su ayuda para la obra de renovación de la vida.

La inclinación que, según se nos dice, tiene ahora más fuerza en el espíritu de los Estados Unidos —desentenderse del tumulto, de la complicación, de la violencia, del gasto y, sobre todo, de la incomprensión de los problemas europeos— se comprende fácilmente. Nadie puede sentir tan intensamente como el autor cuán natural es responder a la locura y a la falta de sentido real de los hombres europeos con un: «Púdrete, pues, en tu propia maldad; nosotros continuamos nuestro camino»:

Lejos de Europa, de sus esperanzas marchitas,
de sus campos de carnicería y de su aire emponzoñado.

Pero si América recapacita por un momento lo que Europa ha significado para ella y lo que todavía significa; lo que Europa, madre del Arte y del conocimiento, a pesar de todo, es aún y seguirá siendo, ¿no rechazará estos consejos de indiferencia y de aislamiento, y se interesará en los que pueden ser problemas decisivos para el progreso y la civilización de toda la Humanidad?

Suponiendo, pues, aunque no sea más que para mantener nuestras esperanzas, que América esté dispuesta a contribuir a la reconstrucción de las fuerzas sanas de Europa, y que no quiera, después de haber realizado la destrucción del enemigo, dejarnos entregados a nuestras desgracias, ¿qué forma adoptará su ayuda?

No me propongo entrar en detalles; pero las líneas generales de todos los proyectos de empréstito internacional son las mismas. Los países en situación de prestar asistencia, los neutrales, el Reino Unido y, para la mayor parte de la suma requerida, los Estados Unidos, deben proporcionar créditos de adquisición para el extranjero a todos los países beligerantes de la Europa continental, tanto aliados como enemigos.

La suma total requerida puede que no sea tan grande como se supone. Puede hacerse mucho, acaso, con un capital de 200 millones de libras, en el primer momento. Esta suma, aunque se haya establecido un precedente distinto para la cancelación de la deuda de guerra interaliada, puede prestarse y puede ser tomada a préstamo con la intención inequívoca de ser devuelta totalmente.

Con este fin a la vista, se podría alcanzar la mayor seguridad para el empréstito, y las medidas para su devolución definitiva serían todo lo completas posibles. Y, sobre todo, se colocaría, tanto para el pago del interés como para la devolución del capital, delante de todas las reclamaciones por reparación, de toda la deuda interaliada de guerra, de todos los préstamos de guerra anteriores y de toda clase de deudas de gobierno de cualquier otra especie.

A los países que tuvieran derecho a pagos por reparaciones y que tomaran este préstamo se les exigiría que comprometieran todos esos pagos al pago del nuevo empréstito. Y todos los Estados que tomaran el préstamo serían requeridos para cobrar sus impuestos de aduanas a base de oro, comprometiendo tales ingresos al servicio del empréstito.

Los gastos hechos con el dinero del empréstito estarían sujetos a una inspección general, aunque no detallada, de los países acreedores.

Si, además de este empréstito para la adquisición de alimentos y materiales, se estableciera un fondo de garantía que ascendiera a una suma igual, esto es, a 200 millones de libras (de la cual, probablemente, no sería necesario obtener más que una parte en metálico), al que contribuyeran todos los miembros de la Sociedad de Naciones, según sus medios, sería posible fundar sobre él una reorganización general de la circulación monetaria.

De esta manera, Europa podía ser provista de la suma mínima de recursos líquidos necesarios para revivir sus esperanzas, para renovar su organización económica y para poner su gran riqueza intrínseca en condiciones de funcionar en beneficio de sus trabajadores.

No tiene objeto en este momento trazar estos planes con más detalle. Es necesario un gran cambio en la opinión pública antes de que las proposiciones de este capítulo puedan entrar en la región de la política práctica, y hemos de esperar el progreso de los acontecimientos con toda la paciencia posible.

IV. LAS RELACIONES DE LA EUROPA CENTRAL CON RUSIA

He dicho muy poco de Rusia en este libro. El carácter general de la situación no requiere ser acentuado, y de los detalles no sabemos casi nada auténtico. Pero en una discusión acerca de cómo puede restablecerse la situación económica de Europa, hay uno o dos aspectos de la cuestión rusa que son de una importancia vital.

Desde el punto de vista militar, se teme en algunos sectores una reunión definitiva de las fuerzas de Rusia y de Alemania. Sería mucho más probable que esto tuviera lugar en el caso de que los movimientos reaccionarios triunfaran en uno de los dos países; pero no se puede pensar en una unidad efectiva de propósitos entre Lenin y el actual Gobierno, esencialmente burgués, de Alemania. Por otro lado, el mismo pueblo que teme tal unión teme aún más el éxito del bolchevismo; y, sin embargo, hay que reconocer que las únicas fuerzas eficaces para combatirle son, dentro de Rusia, los reaccionarios y, fuera de Rusia, las fuerzas organizadas de orden y autoridad de Alemania. Así, los que abogan por la intervención en Rusia, ya directa o indirectamente, están en perpetua contradicción consigo mismos. No saben lo que necesitan; o más bien, necesitan aquello que no son capaces de ver que es contradictorio. Ésta es una de las razones por las que su política es tan inconstante y tan excesivamente fútil.

El mismo conflicto de propósitos aparece en la actitud del Consejo de los aliados en París para con el actual Gobierno de Alemania. Una victoria del espartaquismo en Alemania podría muy bien ser el preludio de la revolución en todas partes; renovaría las fuerzas del bolchevismo en Rusia y precipitaría la temida unión de Alemania y de Rusia; pondría ciertamente fin a todas las esperanzas que se han fundado sobre las cláusulas financieras y económicas del Tratado de Paz. Pero París no ama a Espartaco. Y, de otra parte, una victoria de la reacción en Alemania se vería en todo el mundo como una amenaza a la seguridad de Europa, que pondría en peligro los frutos de la victoria y las bases de la paz.

Además, el establecimiento de un nuevo poder militar en el Este, con su foco espiritual en Brandeburgo, atrayendo a sí a todos los talentos militares y a todos los aventureros militares, a todos los que echan de menos a los emperadores y que odian a la democracia, de toda la Europa oriental y central y del sureste; un poder que geográficamente sería inaccesible para las fuerzas militares de los aliados, podría fundar muy bien, al menos según los temores de los tímidos, una nueva dominación napoleónica que surgiera, como el Fénix, de las cenizas del militarismo cosmopolita. Así es que París tampoco ama a Brandeburgo.

El argumento apunta, pues, a conservar aquellas fuerzas moderadas de orden que, con alguna sorpresa del mundo, aún se arreglan para sostenerse sobre la roca del temperamento alemán. Pero el presente Gobierno de Alemania lucha por la unidad alemana acaso más que por ninguna otra cosa; la firma del Tratado de Paz fue, sobre todo, el precio que muchos alemanes creyeron que valía la pena de pagar por la unidad, que fue todo lo que les quedó del año 1870. Por tanto, París, con algunas esperanzas de desintegración sobre el Rin aún no extinguidas, no puede resistirse a ninguna ocasión de insultar y de indignarse, a ninguna ocasión de rebajar el prestigio o debilitar la influencia de un gobierno con cuya estabilidad continuada están ligados, sin embargo, todos los intereses conservadores de Europa.

El mismo dilema afecta al porvenir de Polonia, en el papel que Francia le ha señalado. Tiene que ser fuerte, católica, militarista y fiel: la consorte, o al menos la favorita, de la Francia victoriosa, próspera y magnífica, entre las cenizas de Rusia y la ruina de Alemania. Rumania, con tal de que se la pueda persuadir de guardar las apariencias un poco más, comparte la misma concepción. Pero, a no ser que sus grandes vecinos sean prósperos y estén tranquilos, Polonia es una imposibilidad económica, sin más industria que los progroms judíos. Y cuando Polonia encuentre que la política seductora de Francia es una pura fanfarronada, y que en ella no hay dinero ni gloria, caerá lo más pronto posible en los brazos de cualquier otro.

Por tanto, los cálculos de la diplomacia no nos llevan a ninguna parte. Los sueños caducos y las intrigas infantiles en Rusia, en Polonia y en otras partes son el entretenimiento favorito ahora de esos ingleses y franceses que buscan la excitación en sus formas menos inocentes y que piensan, o al menos obran, como si la política exterior perteneciera al género del melodrama barato.

Volvamos, pues, a algo más sólido. El Gobierno alemán ha anunciado (30 de octubre de 1919) su adhesión continuada a una política de no intervención en los asuntos interiores de Rusia, «no sólo por principios, sino porque cree que esta política está también justificada desde un punto de vista práctico». Supongamos que al fin adoptemos también el mismo punto de vista, si no en principio, al menos desde un punto de vista práctico: ¿cuáles serán entonces los factores económicos fundamentales de las futuras relaciones de la Europa central con la oriental?

Antes de la guerra, la Europa occidental y la central sacaban de Rusia una parte importante de sus cereales importados. Sin Rusia, los países importadores hubieran tenido que reducirse. Desde 1914, la pérdida de los aprovisionamientos rusos se ha contrarrestado en parte sacándolo de las reservas, y en parte por las grandes cosechas de Norteamérica traídas por Mr. Hoover con precios garantizados por él; pero en mayor parte, por los ahorros en el consumo y por las privaciones. Después de 1920, la necesidad de aprovisionamientos rusos será aún mayor que era antes de la guerra; porque los precios garantizados en Norteamérica habrán sufrido intermitencias, el aumento normal de la población habrá, comparado con el de 1914, consumido la demanda interior, y el suelo de Europa no habrá recobrado todavía su antigua productividad. Si el comercio con Rusia no se reanuda, el trigo en 1920-1921 (a no ser que las cosechas sean especialmente abundantes) será escaso y muy caro. El bloqueo de Rusia últimamente proclamado por los aliados es, por tanto, una medida estúpida y de imprecisión: no estamos bloqueando a Rusia, sino que nos bloqueamos a nosotros mismos.

El proceso de la resurrección del comercio de exportación ruso tendrá que ser forzosamente lento. La actual productividad del campesino ruso se cree que no es suficiente para producir un excedente de exportación sobre la escala de preguerra. Las razones para esto son muchas; pero entre ellas figuran la insuficiencia de los útiles y accesorios de la agricultura y la ausencia de aliciente para la producción, causada por la falta, en las ciudades, de mercancías que los campesinos puedan adquirir a cambio de sus productos. Finalmente, también por la desorganización del sistema de transportes, que perturba o hace imposible la concentración de los excedentes locales en los grandes centros de distribución.

No veo medios posibles de reparar esta pérdida de productividad dentro de un período razonable de tiempo, a no ser mediante la actuación del espíritu de empresa y de la organización alemanas. Es imposible, geográficamente, y por muchas otras razones, para los ingleses, franceses y americanos emprender esta tarea; no tenemos ni alicientes ni los medios para realizar la obra en suficiente escala. Alemania, en cambio, tiene la experiencia, el estímulo y, en gran extensión, los materiales para proveer al paisano ruso las mercancías de que ha estado privado durante los últimos cinco años, para reorganizar el negocio de los transportes y del almacenamiento, para traer así al mundo, en ventaja común, las provisiones de que ahora está tan desastrosamente privado.

Está en nuestro propio interés precipitar el día en que los agentes y los organizadores alemanes estén en situación de poner en marcha en cada aldea rusa los impulsos de las causas económicas normales. Éste es un proceso completamente independiente de la autoridad gobernante en Rusia; pero podemos predecir, seguramente con alguna certeza, que, resulte o no resulte permanentemente aplicable al temperamento ruso la forma de comunismo representada por el Gobierno de los Soviets, la resurrección del comercio, de las comodidades de la vida y de las fuerzas económicas ordinarias, no es probable que promueva las manifestaciones extremas de esas doctrinas de violencia y tiranía que son hijas de la guerra y de la desesperación.

No nos limitemos, pues, en nuestra política de Rusia, a aplaudir e imitar la política de la no intervención que el Gobierno de Alemania ha anunciado, sino que, desistiendo del bloqueo, que es perjudicial a nuestros propios intereses permanentes, así como ilegal, animemos y ayudemos a Alemania a volver a ocupar su puesto en Europa como creadora y organizadora de riqueza para sus vecinos del este y del sur.

Hay muchas personas en las que tales proposiciones suscitarán enérgica oposición. Yo les pido que lleven el pensamiento a las consecuencias de entregarse a esos prejuicios. Si nos oponemos en detalle a todos los medios por los cuales Alemania o Rusia puedan recuperar su bienestar material, porque sentimos un odio nacional, de raza o político contra sus habitantes o sus gobiernos, debemos estar preparados a hacer frente a las consecuencias de tales sentimientos, porque, aun cuando no hubiera solidaridad moral entre las razas emparentadas de Europa, habría una solidaridad económica que no podemos despreciar.

Aún ahora, los mercados del mundo constituyen uno solo. Si no permitimos a Alemania que cambie los productos con Rusia para que pueda alimentarse, tendrá que competir inevitablemente con nosotros en los productos del Nuevo Mundo. Cuanto más éxito tengamos en romper las relaciones económicas entre Alemania y Rusia, más deprimiremos el nivel de nuestra propia economía y aumentaremos la gravedad de nuestros propios problemas domésticos. Esto, poniendo el problema en su nivel más bajo. Hay otros argumentos, que no pueden ignorar los más obtusos, contra una política que esparce y fomenta la ruina económica de los grandes países.

Veo pocos indicios de acontecimientos dramáticos próximos en ninguna parte. Motines y revoluciones los puede haber; pero no tales, en el presente, que tengan una significación fundamental. Contra la tiranía política y la injusticia, la revolución es un arma. Pero ¿qué esperanzas puede ofrecer la revolución a los que sufren privaciones económicas que no son producidas por las injusticias de la distribución, sino que son generales?

La única salvaguardia contra la revolución en la Europa central está positivamente en el hecho de que ni siquiera al espíritu de los hombres desesperados ofrece la revolución, bajo ninguna forma, perspectivas de mejora. Puede, pues, presentarse ante nosotros un proceso largo y silencioso de extenuación y de empobrecimiento continuado y lento de las condiciones de vida y de bienestar. Si dejamos que siga la bancarrota y la ruina de Europa, afectará a todos a la larga, pero quizá no de un modo violento ni inmediato.

Esto tiene una ventaja. Podemos tener todavía tiempo para meditar nuestros pasos y para mirar al mundo con nuevos ojos. Los acontecimientos se encargan del porvenir inmediato de Europa, y su destino próximo no está ya en manos de ningún hombre. Los sucesos del año entrante no serán trazados por los actos deliberados de los estadistas, sino por las corrientes desconocidas que continuamente fluyen por debajo de la superficie de la historia política, de las que nadie suele predecir las consecuencias.

Sólo de un modo podemos influir en estas corrientes: poniendo en movimiento aquellas fuerzas educadoras y espirituales que cambian la opinión. La afirmación de la verdad, el descubrimiento de la ilusión, la disipación del odio, el ensanchamiento y la educación del corazón y del espíritu de los hombres deben ser los medios.

En este otoño de 1919, en el que escribo, estamos en la estación muerta de nuestro destino. La reacción de los esfuerzos, los temores y los sufrimientos de los cinco años pasados ha llegado a su máximo. Nuestra facultad para sentir y tratar otras cuestiones que no sean las inmediatas de nuestro propio bienestar material se ha eclipsado temporalmente. Los mayores acontecimientos, fuera de nuestra experiencia directa, y las predicciones más temerosas no logran conmovernos.

El terror sobrevive en cada corazón humano
A los males que ha devorado: los más soberbios temen
Todo lo que quisieran no creer que es verdad;
La hipocresía y el uso hacen de sus espíritus
Templos de varios cultos, ya extinguidos.
No se atreven a idear el bien para la condición humana,
Y, sin embargo, no saben que no se atreven.
El bueno necesita fuerza para llorar lágrimas estériles.
El poderoso necesita bondad: la peor de las necesidades para ellos.
El sabio necesita amor; y los que aman necesitan sabiduría;
Y así todas las cosas mejores están confundidas con el mal.
Muchos son fuertes y ricos, y quisieran ser justos;
Pero viven entre sus semejantes dolientes
Como si nadie sintiera: no saben lo que hacen.

Hemos sufrido una conmoción que supera toda resistencia, y necesitamos descanso. Nunca, durante la vida de los hombres que ahora existen, ha ardido tan débilmente el elemento universal en el alma del hombre. Por estas razones, la voz verdadera de la nueva generación no ha hablado todavía, y la opinión silenciosa aún no se ha formado. A la creación de la opinión general del porvenir dedico este libro.

CONTENIDO